Christof Horst / Christine Kulla
Erika Maaß-Keibel /
Rudolf Mazzola / Regina Raulfs /
Unter Mitarbeit von Hubert Heeg
und Josef Pütz

Der Elternkurs

Kess

kooperativ | ermutigend | sozial | situationsorientiert

erziehen®

- Wege zu einem entspannten und liebevollen Erziehungsstil
- Das 5-Schritte-Programm

www.knaur-ratgeber.de

Wichtiger Hinweis

Die im Buch veröffentlichten Ratschläge wurden mit größter Sorgfalt von Verfassern und Verlag erarbeitet und geprüft. Eine Garantie kann jedoch nicht übernommen werden. Ebenso ist eine Haftung der Verfasser bzw. des Verlages und seiner Beauftragten für Personen-, Sach- oder Vermögensschäden ausgeschlossen.

Bitte besuchen Sie uns im Internet:
www.knaur-ratgeber.de

Ein Unternehmen der Droemerschen Verlagsanstalt Th. Knaur Nachf. GmbH & Co. KG, München

Projektleitung: Caroline Colsman
Redaktion: Petra Kunze, Eichenau
Satz und Herstellung: Dagmar Guhl
Umschlagkonzeption: Daniela Meyer
Umschlagillustration und Illustrationen: X-Design, Christian Weiß, München
Reproduktion: kaltnermedia, Bobingen
Druck und Bindung: Ebner und Spiegel, Ulm
Printed in Germany

ISBN 3-426-66768-1

5 4 3 2

Inhalt

Liebe Mütter, liebe Väter,

Kinder erziehen ohne zu schimpfen, zu schreien und auszurasten, ohne sich in eine endlose Kette von Konflikten zu verheddern. Stattdessen gelassen, souverän und immer freundlich bleiben. Welche Eltern wünschen sich das nicht?

Aber wie soll das gehen in einer Zeit, in der die Anforderungen an Mütter und Väter immer größer werden? Eltern müssen heute anders erziehen als früher. Ihre Kinder wachsen hinein in eine demokratische, plurale und technisierte Gesellschaft, die zudem höchst mobil und schnelllebig ist. Kinder müssen lernen, die Chancen und Verführungen einzuschätzen, die ihre Umwelt ihnen bietet – während gleichzeitig eben diese Umwelt das Verhalten von Eltern und Kindern nachhaltig beeinflusst. Längst reicht es nicht mehr aus, Kinder und Jugendliche in die Welt der Erwachsenen »einzuführen«. Kinder müssen sich selbst Kompetenzen aneignen und sich in Bereichen zurechtfinden, die den Erwachsenen oft fremd bleiben – etwa in der Computertechnik.

Vor diesem Hintergrund erscheint Erziehung heute als besondere Herausforderung und als gemeinsamer Wachstumsprozess, in dem Erwachsene und Kinder einander immer wieder fordern und fördern. Dabei ist ein respektvoller und fairer Umgang miteinander gefragt, aber auch eine Erziehung zur Selbstständigkeit und Verantwortung für sich und die Gemeinschaft. Bei all dem darf natürlich auch die Lebensfreude nicht fehlen.

Weil sie sich dieser komplexen Aufgabe bewusst sind, stellen viele Eltern heute hohe Ansprüche an sich. Sie spüren genau: Manche herkömmlichen Erziehungsmethoden, mit denen ihnen selbst als Kind das »störende« Verhalten ausgetrieben werden sollte, wie Strafarbeiten, Stubenarrest, Fernsehverbot oder gar Schläge, helfen nicht weiter. Deshalb suchen sie nach Wegen, mit ihren Kindern respektvoll und partnerschaftlich umzugehen, dabei aber auch die notwendigen Grenzen zu setzen. Der Elternkurs »*Kess-erziehen*«, der diesem Buch zugrunde liegt, möchte Sie dabei unterstützen.

»Kess-erziehen« bedeutet:

- K wie **kooperativ**: Eltern und Kinder sollen so gut wie möglich zusammenarbeiten. Sie verabreden gemeinsam Regeln für das Familienleben und lösen gemeinsam ihre Konflikte miteinander. Beschlüsse werden von allen in einem Familienrat gefasst.
- E wie **ermutigend**: Eltern nehmen ihre Kinder an, so wie sie sind. Sie fördern ihre Selbstständigkeit und sorgen dafür, dass sie möglichst viel Verantwortung für sich selbst übernehmen.
- S wie **sozial**: Erwachsene und Kinder sind gleichwertig. Die Eltern achten die sozialen Grundbedürfnisse der Kinder, legen aber auch Wert darauf, dass diese ihrerseits die Bedürfnisse der Eltern respektieren.
- S wie **situationsorientiert**: Erziehungssituationen sind nicht »nach Lehrbuch« zu lösen, sondern so, wie es den Möglichkeiten und Wünschen der beteiligten Eltern und Kinder entspricht.

Wie eine solche Erziehung konkret aussehen kann, zeigen wir Ihnen in diesem Buch. Wir wollen Ihnen als Eltern helfen, die dafür notwendige Erziehungshaltung zu fördern. Wir laden Sie ein, innezuhalten und die Beziehung zu Ihrem Kind in den Blick zu nehmen. Wir möchten Ihnen Impulse geben, wie Sie das Miteinander in Ihrer Familie stärken und das alltägliche Erziehungsgeschehen gezielt weiterentwickeln können.

- Sie erfahren, welche sozialen Grundbedürfnisse Ihr Kind hat und was es zur positiven Entwicklung seines Selbstwertgefühls braucht.

- Sie lernen, weshalb Kinder bestimmte störende Verhaltensweisen zeigen und wie Sie darauf situationsorientiert und effektiv reagieren können.
- Sie werden ermutigt, Grenzen respektvoll zu setzen und Ihrem Kind die Folgen zuzumuten, die aus dem Verhalten resultieren.
- Sie lernen Strategien kennen, mit denen Sie Konfliktsituationen entschärfen und Probleme gemeinsam lösen können.
- Sie erhalten vielfältige Impulse, wie Sie Ihre Beziehung zu Ihrem Kind stärken und seine Entwicklung zu einem eigenständigen, verantwortungsvollen, kooperativen und lebensfrohen Menschen unterstützen können.

Mit Sicherheit haben Sie im Umgang mit Ihrem Kind auch bisher schon viel Förderliches praktiziert. Sich das bewusst zu machen, ist das eine Ziel von »*Kess-erziehen*«. Das andere ist: Ihr Erziehungsverhalten da weiterzuentwickeln, wo es hilfreich und sinnvoll ist. Dabei schaut »*Kess-erziehen*« vor allem darauf, wie Sie in Ihrer Familie miteinander umgehen. Denn das Geheimnis einer förderlichen Erziehung ist der achtsame, respektvolle und konsequente Umgang miteinander. »*Kess-erziehen*« versteht sich deshalb nicht als eine Methode, sondern steht für eine Erziehungshaltung.

Entsprechend setzt »*Kess-erziehen*« da an, wo Sie als Eltern am ehesten etwas verändern können, nämlich bei sich selbst. Auf vieles, was das Verhalten Ihres Kindes mitbestimmt, haben Sie nur wenig Einfluss, etwa auf sein Temperament, auf ererbte Eigenschaften oder auf seine Freunde. Trotzdem sind Sie ein wichtiges Gegenüber für Ihr Kind - mit Ihrem Lebensstil und Ihrem Verhalten, damit, wie Sie Dinge wahrnehmen, deuten und auf sie reagieren. Hier können Sie am besten etwas ändern.

»*Kess-erziehen*« hilft Ihnen aber nicht nur, Ihr Verhalten zu ändern, sondern auch Ihre Stärken und die Ihres Kindes besser wahrzunehmen. Dadurch reduzieren Sie Konflikte und erziehungsbedingten Stress. Das liebevolle, spannende und erlebnisreiche Miteinander gewinnt an Raum, die Beziehung zwischen Ihnen und Ihrem Kind wird nachhaltig gestärkt.

Setzen Sie mit »*Kess-erziehen*«

- auf einen respektvollen Umgang miteinander,
- auf eigenständige, verantwortungsvolle und lebensfrohe Kinder,
- auf ein gekonntes Umgehen mit Konflikten,
- auf Gemeinschaftssinn und Kooperation,
- auf eine Erziehung, die Spaß macht.

Wir wünschen Ihnen anregende, »kesse« Stunden - bei der Lektüre und vor allem im Zusammenleben mit Ihren Kindern!

Das Kurskonzept »*Kess-erziehen*« wurde entwickelt im Auftrag der Arbeitsgemeinschaft für Katholische Familienbildung (AKF) e.V., Bonn, von Christof Horst, Christine Kulla, Erika Maaß-Keibel, Rudolf Mazzola und Regina Raulfs. Als gedankliche Grundlage diente die »Individualpsychologie« von Alfred Adler (1870-1937) und ihre Anwendung für die Erziehung durch Rudolf Dreikurs (1897-1972). Von diesen beiden Autoren stammen deshalb auch die Motti, die den einzelnen Kapiteln dieses Buches vorangestellt sind.

1

Ich pflege meinen Stil

Warum Eltern so erziehen, wie sie erziehen, und warum es für jedes Erziehungsproblem unterschiedliche Lösungen geben muss.

Wir müssen den Mut haben, nicht perfekt zu sein.
Rudolf Dreikurs

Woher wissen wir eigentlich, wie wir mit Kindern umgehen und sie erziehen sollen? In der Schule lernen wir das nicht. Sogar manche Erwachsene, die auf der Universität Pädagogik studiert haben, sind später ratlos, wenn sie von einem trotzigen 2-Jährigen oder einer pubertierenden 15-Jährigen herausgefordert werden. Wie sollen sie sich verhalten? Klar, irgendwie reagieren sie darauf. Und irgendwie erziehen wir auch unsere Kinder. Aber wie eigentlich und warum gerade so?

Zum einen orientiert sich unser Erziehungsstil an unserer Umgebung, an anderen Eltern, an Büchern oder Szenen aus dem Fernsehen. Dabei spielen auch aktuelle »Erziehungstrends« eine Rolle. Denn Erziehung wird immer auch beeinflusst von gesellschaftlichen und politischen Strömungen. So war Anfang der 1970er-Jahre die »Antiautoritäre Erziehung« angesagt, und heute wird der »Abschied von der Spaßpädagogik« propagiert.

Neben den aktuellen Einflüssen wirken aber auch viele Merkmale des Erziehungsstils unserer Eltern in unserem eigenen Erziehungsverhalten weiter – oft sogar mehr, als uns bewusst ist. Die Art und Weise, wie unsere Eltern uns begegne(te)n, wie sie uns erzogen, prägt unser Leben und unsere Persönlichkeit nachhaltig, auch im Umgang mit unseren eigenen Kindern.

Überlegen Sie mal: Wie wurden Sie selbst erzogen?

Welche Gewohnheiten und Verhaltensweisen Ihrer Eltern haben Sie als positiv erlebt?

. . . .

Was haben Sie vermisst?

. . . .

Gab es bestimmte Eigenschaften, auf die Ihre Eltern besonderen Wert gelegt haben?

. . . .

Wann haben Ihre Eltern Ihnen Grenzen gesetzt? Und wie?

. . . .

Wie haben Sie sich dabei gefühlt?

. . . .

Bei welchen Gelegenheiten hätten Sie sich andere Reaktionen Ihrer Eltern gewünscht?

. . . .

Welche Stärken konnten Sie durch das Erziehungsverhalten Ihrer Eltern entwickeln?

. . . .

Entdecken Sie in Ihrem Umgang mit Ihren eigenen Kindern manchmal Spuren des Erziehungsstils Ihrer Eltern?

. . . .

Erziehungsstile unterscheiden sich vor allem im Umgang mit Freiheit und mit Grenzen. Grob skizziert lassen sich folgende Stile voneinander abgrenzen:

- Der autoritäre Stil setzt Grenzen ohne Freiheit. Die Kinder werden dem Willen der Erwachsenen unterworfen. »Gehorchen« wird zu ihrer höchsten Tugend erklärt. Unter diesen Voraussetzungen entwickeln Kinder nur wenig Initiative, kaum Entschlusskraft, ein geringes Selbstvertrauen und wenig Verantwortungsgefühl. Sie werden unselbstständig, »autoritätshörig«, abhängig von

Befehlen. Allerdings bedeutet der autoritäre Stil für Kinder nicht nur Einschränkungen, er kann ihnen auch Sicherheit vermitteln.
- Der antiautoritäre Erziehungsstil, auch Laissez-faire-Stil genannt, lässt Kindern Freiheit ohne Grenzen. Sie erfahren kaum Halt und Orientierung, fühlen sich oft nicht ernst genommen. Viele Kinder, die so erzogen werden, entwickeln eine hohe Aggressivität. Andererseits bietet der Laissez-faire-Stil Kindern die Möglichkeit, sich frei zu entfalten und Kreativität zu entwickeln.
- Der demokratisch-respektvolle (fördernde, kooperative) Erziehungsstil gewährt Kindern Freiheit in Grenzen. Dabei werden als notwendig angesehene Grenzen miteinander besprochen und Regeln möglichst von Eltern und Kindern gemeinsam aufgestellt. Dadurch entstehen gegenseitiger Respekt, Kooperation und Verantwortungsbewusstsein.

Wahrscheinlich praktizieren die wenigsten Eltern einen Stil in Reinkultur. Vermutlich haben Sie selbst in Ihrer Kindheit Elemente aus dem einen wie dem anderen Stil erlebt, mit unterschiedlicher Gewichtung natürlich. Und vermutlich folgen Sie auch in Ihrem eigenen Erziehungsverhalten mal dem einen, mal dem anderen Stil.

Überlegen Sie mal: Wie möchten Sie erziehen?

Welche Fähigkeiten Ihrer Kinder möchten Sie gerne fördern?

....

Was möchten Sie möglichst vermeiden?

....

Was möchten Sie genauso machen wie Ihre Eltern?

....

Und was möchten Sie anders machen als Ihre Eltern?

....

Wie Sie demokratisch und respektvoll erziehen

»*Kess-erziehen*« möchte Eltern für einen demokratisch-respektvollen Erziehungsstil gewinnen. Dieser steht in unseren Augen für eine förderliche und zeitgemäße Erziehung auf der Basis der Gleichwürdigkeit von Eltern und Kindern. Sie gehen respektvoll miteinander um, stellen Regeln möglichst gemeinsam auf, besprechen die Folgen von Grenzüberschreitungen vorher und bemühen sich zusammenzuarbeiten. Das alles erleichtert das Zusammenleben in der Familie.

Das bedeutet aber nicht, dass »*Kess-erziehen*« Ihnen für alle möglichen Erziehungssituationen die »richtigen« Lösungen anbietet. Das ist auch gar nicht möglich.

Jede Mutter, jeder Vater, jedes Kind ist anders. Selbst ein und dieselbe Person ist morgen anders als heute. Gestern konnten Sie über den »Schützenzug« vielleicht noch lächeln, den Ihre Kinder mit Trommeln und Kirmestrompeten veranstalteten. Heute dagegen leiden Sie unter Kopfschmerzen und werden sich das gleiche Spiel zu Recht verbitten. Genauso ist Ihr Kind heute »anders drauf« als gestern – mal übermütig, mal niedergeschlagen, mal trotzig, mal kooperativ, mal unternehmungslustig, mal träge. Deshalb können letztlich nur Sie selbst wissen, was in der jeweiligen Situation passt, was Sie sich selbst zumuten können und was Ihr Kind braucht. Dementsprechend müssen Sie unter verschiedenen Handlungsmöglichkeiten auszuwählen. Dabei kann, was für den einen ein gangbarer Weg ist, für den anderen vielleicht unvorstellbar sein. Lassen Sie sich davon nicht irritieren. Finden Sie Ihren eigenen, individuellen Weg und handeln Sie so, dass Sie voll und ganz dahinter stehen können – als die Person, die Sie sind, mit allen Stärken und Schwächen. Denn erziehen heißt, Beziehung zu leben, so wie man ist. »*Kess-erziehen*« möchte Ihnen deshalb »nur« Wege aufzeigen, wie Sie den achtsamen und konsequenten Umgang miteinander entwickeln und stützen können – auch in Konfliktsituationen. Welche konkrete Spur Sie dann aufnehmen, entscheiden Sie selbst.

Vergessen Sie dabei nicht: So wichtig es ist, sich mit dem eigenen Erziehungshandeln auseinander zu setzen, so notwendig ist es auch, dass Sie auf sich selbst achten, auf die Oasen, in denen Sie für sich Kraft tanken, auf Freiräume für eigene Interessen genauso wie auf Ihre Partnerschaft. Das alles bildet den Rahmen Ihres Lebens, Ihrer Beziehungen und Ihrer Erziehung. Investieren Sie also in einem ersten Schritt Zeit in Ihre Alltagsgestaltung und in Ihre Partnerschaft! Gehen Sie erst dann den zweiten Schritt und folgen Sie, wo immer es für Sie passt, den Anregungen von »*Kess-erziehen*«.

Wenn Sie mehrere Kinder haben

Die Grundhaltung von »*Kess-erziehen*« kommt allen Kindern und Ihrem Verhältnis zu ihnen zugute. Es wird aber auch Wert darauf gelegt, Ihren Blick bewusst auf jedes einzelne Kind zu lenken. Denn so wie Sie ist auch jedes Kind einzigartig und will auch als individuelle Persönlichkeit wahrgenommen werden. Es erlebt seine Familie und die Umwelt in seiner eigenen Art und Weise und verhält sich ganz individuell dazu. Jedes Kind braucht etwas anderes von Ihnen. Kinder völlig gleich zu behandeln wäre deshalb höchst ungerecht! Schauen Sie daher auf jedes Kind einzeln und gehen Sie auf seine Probleme ein. Wenn Sie danach etwas Neues ausprobieren möchten, müssen Sie nicht gleich alles auf einmal ändern. Lassen Sie sich Zeit und konzentrieren Sie sich zunächst auf das Kind, bei dem es Sie am meisten drängt.

Wenn der Partner anders erzieht

Es ist kein Wunder, dass Väter und Mütter unterschiedlich erziehen, sondern völlig in Ordnung. Ihr Kind erlebt so zwei Menschen mit unterschiedlichen Geschlechtern und Charakteren, unterschiedlichen Stärken und Schwächen, vielleicht auch mit unterschiedlichen Wertvorstellungen und Erziehungsweisen. Sicher mag ein einheitlicher Erziehungsstil Kindern zunächst die Orientierung erleichtern. Aber er ist kein »Muss«.

Unterschiedliche Stile ermutigen Kinder, einen eigenen Weg zu finden. Sie lernen, sich mit jedem Elternteil zu arrangieren und sich bei jedem etwas anderes zu »holen«. Sie können sich mit den individuellen Werten und Lebensweisen auseinandersetzen. Trauen Sie Ihrem Kind ruhig zu, dass es mit unterschiedlichen Einstellungen umgehen kann!

Überlegen Sie mal: Erzieht Ihr Partner anders?

Was machen Sie im Umgang mit Ihren Kind (nicht nur in Konfliktsituationen!) anders als Ihr Partner?

. . . .

Worauf beruhen diese Unterschiede?

. . . .

Welche unterschiedlichen Stärken erlebt Ihr Kind dadurch bei Ihnen als Eltern?

. . . .

Wichtig ist vor allem, dass Sie als Eltern und Partner über Ihre Kinder und die Erziehung im Gespräch bleiben. Teilen Sie Ihrem Partner gute oder schlechte Erfahrungen im Umgang mit Ihren Kindern mit. Wenn Sie für sich Fragen haben oder Unsicherheiten spüren und deshalb etwas Neues ausprobieren möchten, erzählen Sie ihm davon. Fragen Sie ihn, was er davon hält. Laden Sie ihn ein, gemeinsam dieses Buch durchzugehen oder einen Elternkurs zu besuchen.

Auch wenn Ihr Partner das nicht will und Sie grundlegende Meinungsverschiedenheiten haben: Gehen Sie davon aus, dass Ihr Partner wie Sie das Beste für Ihr Kind will! Teilen Sie sich gegenseitig mit, worum es Ihnen jeweils geht, wenn Sie so verschieden handeln. Hören Sie einander gut zu! Versuchen Sie, Ihre Überlegungen miteinander zu verbinden, wenn Ihre unterschiedlichen Erziehungsweisen Sie in bestimmten Situationen belasten und Ihnen ein einheitliches Handeln wichtig ist. Vielleicht kann Ihnen dabei die Konfliktlösestrategie von »*Kess-erziehen*« (Seite 112 ff) helfen.

Exkurs: Und Ihr Lebensstil?

Die Erziehung unserer Kinder prägt nicht allein das, was wir gezielt »erzieherisch« tun oder lassen. Viel stärker, als uns bewusst ist, wirkt die Persönlichkeit der Eltern. Die Individualpsychologie spricht von ihrem »Lebensstil«. Jede Mutter, jeder Vater hat ganz persönliche Einstellungen zum Leben, zu sich selbst, zu anderen und zur »Welt«. Dabei geht es nicht nur um die grundsätzliche Haltung, die den Lebensstil prägen mag und sich in Sätzen ausdrücken kann wie:

»Edel sei der Mensch, hilfreich und gut.«
»Geschenkt wird keinem was.«
»Ich schaffe das schon.«
»Jeder muss sehen, wo er bleibt.«

Es sind gerade auch die alltäglichen Handlungs- und Bewertungsmuster, die ihre Wurzeln oftmals in der Kindheit haben und den eigenen Lebensstil prägen.

Frau Friedrichs will, dass ihre 4-jährige Tochter Julia möglichst viel mitbestimmen kann. So darf Julia zum Beispiel selbst bestimmen, was sie anzieht. Frau Friedrichs ist es trotzdem immer wieder peinlich, wenn Julia für den Kindergarten Kleidungsstücke auswählt, die nicht gut zueinander passen oder die schon etwas abgetragen sind. Es fällt ihr dann sehr schwer, gemäß ihrer eigenen Einstellung zu handeln, nämlich Julias Entscheidung zu akzeptieren.

Hier spielt Frau Friedrichs unbewusster Lebensstil eine Rolle. Wenn Frau Friedrichs an ihre eigene Kindheit zurückdenkt, erinnert sie sich daran, wie sie sich oft wegen ihrer Kleidung geschämt hat. Sie fühlte sich ausgegrenzt, weil ihre Eltern es nicht erlaubten, sich nach der aktuellen Mode zu kleiden. Sie kann aufgrund dieser eigenen Erfahrungen nur schwer nachvollziehen, dass Julia so unbekümmert ihre Kleidung auswählt.

Frau Friedrichs ist sich einer Facette ihres Lebensstils bewusst geworden, nämlich ihrer Angst vor Ausgrenzung. Auf dieser Grundlage ist es ihr möglich wahrzunehmen, welche geringe Rolle im Unterschied zu ihren eigenen Erfahrungen modische Fragen bei Julia spielen.

Die grundsätzlichen Einstellungen, die unser weiteres Denken, Fühlen und Handeln prägen, bilden sich oft schon in der frühen Kindheit aus. Wie in einem Theaterstück ohne Drehbuch und ohne Regisseur wird ein Kind in eine Handlung hinein geboren, die bereits läuft. Es beobachtet das Geschehen um sich herum ganz genau, deutet es, zieht seine Schlüsse daraus (Was ist wichtig? Worauf kommt es an?) und sucht sich seinen Platz. Aus Versuch und Irrtum entwickelt es Handlungsweisen, die erfolgreich sind und ihm sinnvoll und logisch erscheinen. Mit der Zeit bildet das Kind so einen persönlichen Wahrnehmungsfilter, mit dem es neue Situationen beurteilt: Sein Lebensstil hat sich gefestigt und zieht sich wie eine Melodie durch sein ganzes Leben – unverwechselbar und einmalig.

Es ist sehr interessant, auf diesem Hintergrund Facetten des eigenen Lebensstils zu entdecken, zu erkennen, dass Einstellungen und Verhaltensweisen in frühkindlichen Erfahrungen begründet sind und wie sie bis heute wirken.

Bei der Auseinandersetzung mit dem eigenen Lebensstil geht es im Wesentlichen darum, zu verstehen, wie die eigene Bewertung von Situationen entstanden ist, nicht darum, was richtig oder falsch ist. Mit dieser Erkenntnis fällt es leichter, die eigenen Erfahrungen von dem manchmal ganz anderen Erleben der Kinder zu trennen. Es ermöglicht, Handlungsalternativen zu entwickeln und Situationen bewusster gestalten zu können.

Überlegen Sie mal: Ihr Lebensstil – Ihre Werte

Schauen Sie auf Facetten Ihres Lebensstils: Worauf kommt es Ihnen in Ihrem Leben an?

. . . .

Wie drücken sich diese Einstellungen in Ihrem alltäglichen Handeln aus?

. . . .

Was, glauben Sie, nehmen Ihre Kinder davon wahr?

. . . .

Gibt es im Alltag mit Ihrem Kind Situationen, in denen Sie ganz anders empfinden oder die Sie anders bewerten bzw. einschätzen als Ihr Kind?

. . . .

Spielen für Ihre Gefühle oder Bewertung dieser Situationen Erfahrungen aus der eigenen Kindheit eine Rolle?

. . . .

Die bewusste Wertevermittlung spielt ebenfalls eine entscheidende Rolle in der Erziehung. Welche Werte sind Ihnen besonders wichtig?

. . . .

Worin zeigt sich dies im alltäglichen Handeln?

. . . .

Was möchten Sie Ihren Kindern stärker als bisher vermitteln?

. . . .

Worin könnte sich das ausdrücken?

. . . .

Das Wichtigste im Überblick

- Ein demokratischer Erziehungsstil, der von der Gleichwürdigkeit von Eltern und Kindern ausgeht, schafft die Grundlage für ein respektvolles Miteinander in der Familie.
- Weil jeder Erwachsene und jedes Kind individuelle Persönlichkeiten sind, kann es nicht eine einzige »richtige« Lösung für alle möglichen Erziehungssituationen geben.
- Geschwister sind unterschiedlich, jedes braucht individuelle Zuwendung. Deshalb kann es keine »Gleichheit« in der Erziehung geben.
- Kinder können damit umgehen, wenn ihre Mutter anders erzieht als ihr Vater. Wichtig aber ist, dass Eltern darüber im Gespräch bleiben und sich in ihrer Unterschiedlichkeit respektieren.

2

Ich schaue mein Kind an

Wie Eltern ihre Kinder sehen und wie sie ihnen ihre Wertschätzung zeigen können. Warum Kinder stören, und wie Eltern die versteckten Botschaften verstehen können.

Mit den Augen des anderen sehen,
in den Schuhen des anderen gehen und
mit dem Herzen des anderen fühlen.
Alfred Adler

Überlegen Sie mal: Wie sehen Sie Ihr Kind?

Welche Eigenschaften schätzen Sie an Ihrem Kind ganz besonders? Worauf sind Sie stolz?

. . . .

Was finden Sie an Ihrem Kind reizend und einfach nur »nett«, worüber freuen Sie sich?

. . . .

Wann braucht Sie Ihr Kind, wann braucht es Ihre Hilfe und Unterstützung unbedingt? Wo sind Sie für Ihr Kind ganz wichtig?

. . . .

Mit welchem Verhalten Ihres Kindes haben Sie Schwierigkeiten? Was muss es Ihrer Meinung nach vor allem noch lernen?

. . . .

Wenn Sie an Ihr Kind oder Ihre Kinder denken, dann kommen Ihnen sicherlich viele Bilder und Episoden in den Sinn. Und je nachdem betrachten Sie es dabei mal mit diesem, mal mit jenem »Auge«. Was Sie mit den Augen der stolzen, zufriedenen und fürsorglichen Eltern sehen, tut Ihnen selbst und Ihrem Kind einfach nur gut. Dagegen sorgt der kritische Blick des Erziehers erst einmal für »Reibung«. Sie erinnern sich wahrscheinlich an manche Situationen, in denen bei Ihnen Wut und Ärger hochkochten oder in denen sich das Gefühl von Hilflosigkeit breit machte – weil sich Ihr Kind wieder einmal in einer bestimmten Art und Weise verhielt. Solche Momente bleiben keiner Mutter und keinem Vater erspart. In diesen Situationen entstehen Konflikte, ein Wort gibt das andere, das Miteinander ist schier zum Verzweifeln.

Fast automatisch kommen dann Gedanken wie diese: »Was ist nur los mit meinem Kind? Das macht es nur, weil es mich ärgern will, weil es sich einfach nicht benehmen kann oder weil es verwöhnt ist.« Und vielleicht geht es in Ihrem Kopf dann noch so weiter: »Da habe ich etwas falsch gemacht.« (Denn ein störendes Kind ist ein schlechtes Kind, und ein schlechtes Kind hat schlechte Eltern ...). Am Ende der Gedankenkette steht dann oft das erklärte Ziel: »Das Verhalten treibe ich ihm aus, damit aus meinem Kind ein ›gut erzogenes‹ Kind wird und ich nicht als schlechte Mutter oder schlechter Vater wahrgenommen werde (oder mich so fühle)«. Nicht selten führt dieser Kampf in ein für alle Beteiligten entmutigendes Miteinander.

Das können Sie verhindern, wenn Sie das Verhalten Ihres Kindes so deuten:

- Schwierigkeiten gehören zum Leben und sind weder immer vorhersehbar noch vermeidbar.
- Jedes Kind ist anders und reagiert unterschiedlich auf Probleme.
- Kinder, die immer wieder stören, wollen auf sich aufmerksam machen und etwas signalisieren.

Wenn Mütter und Väter verstehen, was Kinder in diesen Situationen fühlen und denken, können sie angemessen reagieren. Das erste

Ziel für Eltern von »störenden« Kindern heißt deshalb nicht: »Ich muss den Schuldigen ausfindig machen und meinem Kind schlechte Verhaltensweisen austreiben.« Sondern: »Ich muss die Hilferufe meines Kindes entschlüsseln.«

Aber worum kann es Kindern gehen, wenn sie »stören«?

Menschen brauchen nicht nur Nahrung, Luft und Wärme. Sie haben auch »soziale« Grundbedürfnisse. Diese spürt ein Kind genauso wie ein Erwachsener:

- Es möchte dazugehören und sich geliebt fühlen.
- Es möchte wichtig sein und Bedeutung haben.
- Es möchte Einfluss nehmen können.
- Es möchte sich geborgen und sicher fühlen.

Von Anfang an strebt ein Kind danach, ein anerkanntes und wichtiges Mitglied seiner Familie zu sein.

Überlegen Sie mal: Wann waren Sie als Kind glücklich?

Erinnern Sie sich an eine besonders schöne Situation aus Ihrer Kindheit. Wenn Ihnen solche Erinnerungen schwer fallen, dann malen Sie sich eine Situation aus, die Sie als Kind gerne erlebt hätten. Starten Sie dann Ihren »Kindheitsfilm«, zoomen Sie die Szene näher heran. Was tun Sie gerade?

Ist jemand bei Ihnen oder in Ihrer Nähe?

Welche Eindrücke und Gefühle verbinden Sie mit dieser Situation?

In welcher Umgebung befinden Sie sich?

Fühlen Sie sich angenommen?

. . . .

Was war für Sie damals wichtig?

. . . .

Welches der oben genannten sozialen Grundbedürfnisse wurde damals für Sie erfüllt?

. . . .

Und wie sieht es bei Ihrem Kind aus? In vielen Situationen achten Sie seine sozialen Grundbedürfnisse wahrscheinlich ganz spontan, ohne groß darüber nachzudenken. Es lohnt sich aber, wenn Sie sich diese Momente einmal bewusst machen.

Überlegen Sie mal: Wann ist Ihr Kind glücklich?

Wann, glauben Sie, fühlt sich Ihr Kind besonders geliebt?

. . . .

Welchen Beitrag leisten Sie selbst dazu?

. . . .

Wann, glauben Sie, fühlt sich Ihr Kind besonders wichtig?

. . . .

Welchen Beitrag leisten Sie selbst dazu?

. . . .

Wann kann Ihr Kind Einfluss nehmen (besonders in der Familie)?

. . . .

Welchen Beitrag leisten Sie selbst dazu?

. . . .

Wann, glauben Sie, fühlt sich Ihr Kind besonders geborgen und sicher?

. . . .

Welchen Beitrag leisten Sie selbst dazu?

. . . .

Ein Kind versucht, die Erfüllung seiner Grundbedürfnisse mit allen Mitteln zu erreichen. Dies ist die Motivation für jedes Verhalten. Welche Methoden den meisten Erfolg versprechen, folgert es aus seinen Beobachtungen und Erfahrungen. Für die Erziehung ist es von grundlegender Bedeutung, das Kind in seinem Anliegen zu verstehen. Denn solange es den Eltern nicht klar ist, was dem Verhalten ihres Kindes zugrunde liegt und was es damit womöglich bezwecken könnte, ist es für sie schwierig, ermutigend auf ihr Kind einzugehen.

Das bedeutet umgekehrt: Je besser Eltern die Motive für das Verhalten ihres Kindes erkennen, desto eher können sie auch mit schwierigen Verhaltensweisen angemessen umgehen. Sie können gezielt auf die berechtigten Anliegen ihres Kindes eingehen und ihm helfen, geeignete und erfolgreiche Wege zu finden, damit es seine sozialen Grundbedürfnisse erfüllt sieht.

Schenken Sie Ihrem Kind »Edelsteinmomente«

Der beste Weg, wie Sie als Mutter oder Vater den Grundbedürfnissen Ihres Kindes gerecht werden können, sind so genannte »Edelsteinmomente«: Momente, in denen Sie Ihrem Kind (oder einem anderen Menschen) das Gefühl geben, wirklich wichtig für Sie zu sein, und ihm zeigen, dass Sie es wertschätzen und achten. In den »Edelsteinmomenten« lenken Sie Ihre gesamte Aufmerksamkeit auf Ihr Kind. Dadurch gewinnt Ihre Zuwendung eine besondere Intensität, die aus Ihrem direkten, persönlichen Interesse an Ihrem Kind und seiner wunderbaren Einzigartigkeit hervorgeht. Ihr Kind - und auch Sie selbst! – erleben darin wahre Glücksmomente, die sich deutlich vom normalen Alltag abheben und diesem Glanzlichter aufsetzen.

Überlegen Sie mal: Wann fühlen Sie sich angenommen?

Stellen Sie sich vor: Sie kommen von der Arbeit oder vom Einkaufen nach Hause und möchten Ihrer Partnerin/Ihrem Partner dringend erzählen, was Sie unterwegs erlebt haben. Erinnern Sie sich an solche Situationen!

. . . .

Ihre Frau/Ihr Mann ist gerade beim Kochen (Autowaschen, Fernsehen, am Computer ...). Während Sie erzählen, arbeitet sie/er weiter und kommentiert Ihre Erzählung gelegentlich mit »Ja, ja«. Wie fühlen Sie sich dabei?

. . . .

Sie/er unterbricht die Arbeit und hört Ihnen aufmerksam zu. Wie fühlen Sie sich jetzt?

. . . .

Welches konkrete Verhalten Ihrer Partnerin/Ihres Partners empfinden Sie als besonders wohltuend?

. . . .

Kennen Sie solche Szenen auch aus der Perspektive des anderen? Wie fühlen Sie sich darin?

. . . .

Als Eltern sind wir oft versucht, mehrere Dinge gleichzeitig zu tun: Wir gehen unserer Arbeit nach und sind mit den Gedanken ganz woanders, während wir gleichzeitig versuchen, unserem Kind gerecht zu werden. Das Ergebnis ist aber »nichts Halbes und nichts Ganzes«. Dabei geht es weder unserem Kind gut noch uns selbst. Unser Kind fühlt sich unverstanden und ignoriert, es resigniert vielleicht oder versucht immer ungeduldiger und mit »verschärften« Mitteln, unsere ungeteilte Aufmerksamkeit zu bekommen. Wir selbst sind hin- und hergerissen. Einerseits fühlen wir uns gestört und belästigt, weil wir unsere Tätigkeit nicht fortsetzen können. Andererseits fühlen wir uns unwohl, weil wir merken, dass wir unserem Kind nicht gerecht werden.

Bestimmt haben Sie schon oft erfahren, wie gut Ihnen die ungeteilte, konzentrierte Aufmerksamkeit eines anderen tut.

Auch Ihr Kind spürt das sehr genau. Es merkt dann, dass es wichtig für Sie ist, dass Sie ihm Achtung schenken und seine Bedürfnisse ernst nehmen: »Mama/Papa unterbricht ihre/seine Arbeit für mich!« Ihr Kind fühlt sich geliebt, seine Bedürfnisse werden befriedigt.

Klar: Manchmal haben Sie wirklich keine Zeit, sich ganz Ihrem Kind zuzuwenden. Machen Sie dann besser keine faulen Kompromisse. Sagen Sie ihm, dass es jetzt nicht geht und wann Sie wieder Zeit zum Zuhören oder Spielen haben. Halten Sie diese Zusage aber unbedingt ein – ohne dass Ihr Kind Sie daran erinnern muss! Und vergessen Sie auch die »Edelsteinmomente« nicht!

»Edelsteinmomente« können Sie auf vielfältige Weise in Ihren Alltag einstreuen. Das einfühlsame Zuhören, wenn Ihr Kind Kummer hat, gehört genauso dazu wie Sekundenbegegnungen. Ein liebevolles Zulächeln, Zunicken, Zuzwinkern, ein kurzes Streicheln über den Kopf und ein herzliches Umarmen können gleichermaßen wunderbare, warme Gefühle auslösen.

Sie können »Edelsteinmomente« sogar als feste Rituale in Ihren Alltag einplanen: eine Kuschel- und Kitzelrunde morgens vor dem Aufstehen, ein liebevolles Nasewetzen beim Abschied ins Büro, das »Komm-in-meine-Arme-Spiel« beim Wiedersehen, das Vorlesen vor dem Schlafengehen.

Es lohnt sich, »Edelsteinmomente« gezielt zu pflegen. Sie sprechen das Kind in seinen Grundbedürfnissen an und tragen so wesentlich dazu bei, unangemessenes und störendes Verhalten im Alltag zu reduzieren.

Überlegen Sie mal: Wo sind Ihre Edelsteine?

Wann und wo haben Sie mit Ihrem Kind »Edelsteinmomente« erlebt?

. . . .

Ergaben sich diese Augenblicke eher zufällig? Oder gibt es dafür typische Anlässe?

. . . .

Was tragen Sie selbst dazu bei?

. . . .

In welchen anderen Situationen könnten Sie Ihrem Kind »Edelsteinmomente« schenken?

. . . .

Welche Rituale könnten Sie in den Alltag einbauen?

. . . .

Ein Tipp: Um auf neue Ideen zu kommen und zu »Edelsteinmomenten« ermutigt zu werden, lohnt sich ein Erfahrungsaustausch mit anderen Eltern.

Entschlüsseln Sie versteckte Botschaften

Wenn die Mutter oder der Vater gerade mit anderen (scheinbar vordringlichen) Aufgaben beschäftigt ist, haben Kinder oft das Gefühl, abgewiesen zu werden. Sie müssen erst lernen, damit fertig zu werden. Vorerst schließen sie daraus nur: »Mama oder Papa haben mich aus dem Blick verloren. Ich bin für sie nicht (mehr) wichtig.«

Aus dieser – oft irrigen – Schlussfolgerung heraus kämpfen sie um mehr ungeteilte Aufmerksamkeit. Sie suchen nach Mitteln und Wegen, um das zu erreichen. Sie beobachten und sammeln Erfahrungen, wie ihnen das am besten gelingt. Bei diesem Versuch, ihren Platz in der Familie (wieder) zu finden, verfallen sie oft auf »störendes« Verhalten.

Als ihre Mutter mit dem neugeborenen Bruder aus der Klinik nach Hause kommt, erkennt die 2-jährige Adele bald, wie viel Aufmerksamkeit die Mutter dem Baby widmet. Unglücklicherweise interpretiert Adele das als Zeichen, dass die Mutter das Baby lieber hat als sie. Ob das tatsächlich stimmt, spielt keine Rolle. Was zählt ist nur, was Adele glaubt. Adele sieht ihr Grundbedürfnis, für ihre Mutter wichtig zu sein, bedroht und versucht deshalb, mehr Aufmerksamkeit der Mutter auf sich zu lenken. Sie benimmt sich selbst wie ein Baby und gibt ihr deutlich zu verstehen, dass sie das Baby hasst.

Was erreicht Adele mit Ihrem Verhalten? Kurzfristig kümmert sich Adeles Mutter zwar um ihre »große« Tochter: Sie belehrt sie oder schimpft mit ihr. Doch das Gefühl, geliebt zu werden und wichtig zu sein, stellt sich dadurch bei Adele nicht ein. Im Gegenteil: Sie merkt, dass ihre Mutter mit ihrem Verhalten nicht einverstanden ist. Dadurch fühlt sie sich noch weniger geliebt - und muss noch mehr stören. Der Versuch hat Adele also nicht wirklich geholfen.

Wie Adele suchen alle Kinder Wege aus ihren verunsicherten Gefühlen. Dabei zeigen sie oft vier typische Verhaltensweisen, die

Rudolf Dreikurs die »irrtümlichen Ziele« nennt, weil sie die Kinder ihren tatsächlichen Zielen nicht näher bringen. Die Kinder glauben, dass sie nur dann ihre sozialen Grundbedürfnisse befriedigt bekommen, wenn sie Aufmerksamkeit erregen, Macht ausüben, Rache nehmen oder sich zurückziehen und ihre Unfähigkeit beweisen!

Wenn Kinder stören: die »irrtümlichen Ziele«

Ungebührliche Aufmerksamkeit	Die Kinder reden dazwischen, unterbrechen die Eltern bei ihrer Arbeit, albern herum, machen gezielt »Unfug« – oder agieren überaus unterhaltend, perfekt und angepasst.
Macht	Die Kinder stellen Forderungen, brausen auf, verweigern die Erfüllung von Pflichten oder Rücksichten, lügen oft oder erfüllen ihre Aufgaben nur schlecht oder langsam.
Rache	Die Kinder werfen Eltern böse Blicke zu, beleidigen sie, stellen sie vor anderen bloß, verweigern grimmig ihre Hilfe oder werden gewalttätig.
Rückzug	Die Kinder ziehen sich zurück, geben auf, demonstrieren Unfähigkeit, erledigen ihre Aufgaben nicht, wollen sich bedienen lassen, verweigern Selbstständigkeit.

Im Alltag lassen sich die vier Verhaltensweisen nicht immer voneinander trennen. Allerdings löst jede in der Regel eine unterschiedliche Reaktion bei den Eltern aus. Diese Gefühle gehören zu dem gemeinsamen »Spiel« in solchen Situationen und stehen meist am Anfang einer unguten Dynamik. Eltern und Kinder verstricken sich dann schnell in ein entmutigendes Miteinander. Diese Gefahr droht umso eher, wenn die Eltern ihren ersten Impulsen folgen.

Wenn Kinder »stören«: die Reaktionen der Eltern

Störendes Verhalten	Das empfinden die Kinder …	… und das die Eltern
Ungebührliche Aufmerksamkeit	»Ich zähle nur, wenn ich bemerkt werde und wenn sich jemand ständig mit mir beschäftigt.«	Sie fühlen sich gestört, belästigt, irritiert, frustriert. (»Hör doch endlich damit auf.«)
Macht	»Ich zähle nur, wenn ich bestimme und du tust, was ich dir sage. Oder wenn ich dir zeige, dass du nicht über mich bestimmen kannst.«	Sie fühlen sich provoziert, herausgefordert, bedroht. (»Ich werde dich schon dazu bringen.« – »Damit kommst du nicht durch.«)
Rache	»Ich will andere so verletzen, wie ich verletzt wurde.«	Sie fühlen sich verletzt, wütend, wollen ebenfalls verletzen, spüren Hass. (»Wie kannst du mir das antun, wo ich so viel für dich tue?«)
Rückzug	»Ich kann nichts richtig machen. Also mache ich überhaupt nichts mehr. Ich bin ein Versager.«	Sie sind verzweifelt, hilflos. (»Was kann ich nur tun?«)

Was passiert da eigentlich? Die Kinder »stören«. Die Eltern bekämpfen das »störende« Verhalten. Die Kinder fühlen sich erst recht unverstanden und »stören« umso mehr. Entsprechend nehmen Ärger, aber auch Selbstzweifel und Ratlosigkeit bei den Eltern zu. Die Konflikte eskalieren und belasten das Zusammenleben immer mehr. Ein Kreislauf der Entmutigung hat sich entwickelt.

Was können Sie tun?

Ziehen Sie zunächst einmal aus solchen Konflikten nicht den Schluss, dass Sie versagt hätten! Kinder »stören« aus den unterschiedlichsten Gründen. Manchmal sind Spannungen sogar notwendig und Zeichen einer gesunden Entwicklung. Viele Belastungen innerhalb und außerhalb der Familie können Sie beim besten Willen nicht vermeiden. Genauso wenig können Sie voraussehen, welche Schlüsse Ihr Kind aus seinen Erlebnissen zieht, wie das Beispiel von Adele (Seite 28) gezeigt hat. Sie können Enttäuschungen bei Ihrem Kind nicht immer verhindern. Ihr Kind muss vielmehr auch lernen, damit umzugehen.

Schauen Sie also nach vorn! Vor allem kommt es jetzt darauf an zu verstehen, was Ihr Kind eigentlich will und was es mit seinem Verhalten bezweckt. Fragen Sie sich, welche versteckten Botschaften Ihr Kind Ihnen sendet. Nehmen Sie also das Verhalten Ihres Kindes als ein deutliches Signal. Es zeigt Ihnen, dass es Ihrem Kind in bestimmten Situationen nicht gut geht und dass es etwas ganz Bestimmtes erreichen will.

Die Einsicht in diese versteckten Botschaften hilft Eltern, nicht im Affekt auf das störende Verhalten ihres Kindes zu reagieren. Umso eher gelingt es ihnen, frühzeitig aus dem drohenden entmutigenden Kreislauf auszusteigen und angemessene Handlungsalternativen zu finden (mehr darüber erfahren Sie im nächsten Kapitel). Sie wissen ja jetzt: Mein Kind will mich nicht herausfordern oder ärgern. Es geht ihm vielmehr um die Erfüllung seiner sozialen Grundbedürfnisse, die ihm als unsicher erscheint.

Wenn Kinder »stören«: die versteckten Botschaften

Die Signale	Was Ihr Kind damit sagen will	Ihr Kind sucht also
Ungebührliche Aufmerksamkeit	»Ich möchte beachtet werden und dazugehören. Bitte helft mir, mich zu beteiligen.«	Zugehörigkeit Beachtung Beteiligung
Macht	»Ich möchte selbstständig sein und mitbestimmen können. Bitte lasst mir eine Wahl, gebt mir Entscheidungsmöglichkeiten, damit ich lernen kann, verantwortlich zu handeln.«	Selbstständigkeit Mitsprache Verantwortung
Rache	»Ich möchte fair behandelt werden. Bitte beachtet meine Gefühle und Bedürfnisse und helft mir zu kooperieren.«	Fairness Gleichbehandlung
Rückzug	»Ich möchte, dass Ihr mir Mut macht und mich immer wieder ermutigt. Bitte helft mir, mir selbst zu vertrauen.«	Ermutigung Unterstützung

Der Kreislauf der Entmutigung und der mögliche Ausstieg

Am Beispiel des Signalverhaltens der ungebührlichen Aufmerksamkeit können Sie den entmutigenden Kreislauf nachvollziehen – und sehen, wie Sie aussteigen können:

Deutliches Signal: Ungebührliche Aufmerksamkeit

Das Kind fühlt sich bestätigt in der Annahme:
»Mama/Papa beschäftigt sich nicht gern mit mir!«

Das Kind glaubt:
»Ich zähle nur, wenn ich bemerkt werde oder wenn sich jemand ständig mit mir beschäftigt.«

Verhalten des Kindes:
aktiv: dazwischenreden, herumalbern, überaus unterhaltend, perfekt, angepasst

passiv: Aufgaben nicht erledigen oder vergessen, bedient werden wollen

Das Verhalten löst bei den Eltern aus:
Sie sind irritiert (interessiert bis genervt), fühlen sich zunehmend belästigt, frustriert

Spontane Reaktionen oder Äußerungen:
»Hör doch endlich damit auf.«

Möglicher »Ausstieg«

Versteckte Botschaften:
»Ich möchte beachtet werden und dazugehören. Bitte helft mir, mich zu beteiligen.«

Das Kind sucht also: Zugehörigkeit – Beachtung – Beteiligung

Überlegen Sie mal: Was will Ihr Kind Ihnen sagen?

Erinnern Sie sich an eine Situation, in der Sie sich durch das Verhalten Ihres Kindes gestört oder provoziert fühlten. Wie hat sich Ihr Kind verhalten?

. . . .

Wie haben Sie sich dabei gefühlt? Welche Gedanken kamen Ihnen?

. . . .

Welches Signalverhalten hat Ihr Kind vermutlich gezeigt? Ungebührliche Aufmerksamkeit, Macht, Rache oder Rückzug?

. . . .

Welche versteckte Botschaft könnte sich hinter seinem Verhalten verborgen haben?

. . . .

Das Wichtigste im Überblick

- Konflikte mit Kindern gehören zum Familienleben und sind weder immer vorhersehbar noch vermeidbar. Keinesfalls sind sie ein Hinweis darauf, dass die Eltern »versagt« hätten.
- Kinder wollen vor allem dazugehören, Bedeutung und Einfluss haben und sich sicher fühlen.
- Wir müssen erkennen, welche Wünsche hinter »störendem« Verhalten von Kindern stecken. Dann können wir ihnen helfen, geeignete und erfolgreiche Wege zu ihrer Befriedigung zu finden.
- Durch »Edelsteinmomente« können wir unseren Kindern einfach und direkt zeigen, dass wir sie wertschätzen und dass sie wichtig für uns sind.

3

Ich steige aus

Wie Eltern Machtkämpfe und andere fruchtlose Auseinandersetzungen mit ihren Kindern vermeiden.

Alles kann auch anders gesehen werden.
Alfred Adler

»Räum' bitte dein Zimmer auf, ich möchte darin staubsaugen.« Bestimmt haben auch Sie diesen Satz schon mehr als einmal zu Ihrem Kind gesagt. Und Sie wissen deshalb auch, wie die Geschichte üblicherweise weiter geht.

Nach einer halben Stunde stellt die Mutter fest: Die Stofftiere sind inzwischen ordentlich an ihrem Stammplatz verstaut. Doch statt die Legosteine aufzuräumen, baut die Tochter damit hingebungsvoll eine Raketenabschussbasis und hat dafür sogar noch mehr Bausteine im Kinderzimmer ausgebreitet. Der Ton der Mutter wird schärfer: »Du trödelst hier 'rum, und ich komme mit meiner Arbeit nicht weiter! In einer Viertelstunde ist das Zimmer aufgeräumt!«

Nach dieser Viertelstunde sieht das Zimmer immer noch nicht anders aus, weil die Tochter dringend aufs Klo musste. Die Mutter droht: »Solange das Zimmer nicht aufgeräumt ist, darfst du nicht raus zu deinen Freundinnen.«

»Lass mich in Ruhe! Das ist mein Zimmer. Und außerdem gehe ich jetzt!«, schreit die Tochter zurück. Das veranlasst wiederum die Mutter, die Lautstärke noch einmal zu steigern: »Das wirst du nicht tun, sonst kannst du den Ausflug morgen vergessen.«

Unter dem Druck dieser Drohung beseitigt die Tochter das gröbste Chaos. Einige Legosteine wird ihre Mutter später während des Staubsaugens aufheben, die anderen findet sie in einer Ecke zusammengeschoben vor.

Überlegen Sie mal: Wohin führt die Eskalation?

Kennen Sie ähnliche Episoden aus Ihrer eigenen Erfahrung als Mutter oder Vater?

. . . .

Was empfinden die Beteiligten, während die Auseinandersetzung eskaliert?

. . . .

In welchem Grundbedürfnis fühlt sich die Tochter möglicherweise verletzt?

. . . .

Verändert oder verfestigt sich dieses Gefühl im Laufe der Auseinandersetzung?

. . . .

Fallen Ihnen ähnliche Erlebnisse aus Ihrer eigenen Kindheit ein?

. . . .

Was hätten Sie sich damals von Ihren Eltern gewünscht?

. . . .

In solchen Auseinandersetzungen hilft es Eltern nicht, im Affekt zu handeln. Strafpredigten, verbale Auseinandersetzungen, Kränkungen, aber auch Nachgeben aus Mitleid führen ebenso wenig weiter wie Disziplinierungsmaßnahmen in Form von Fernsehverbot, Nachtischentzug oder Zimmerarrest.

Vielleicht »gehorchen« die Kinder sogar unter dem Druck der Drohung, stören aber dann bei nächster Gelegenheit von Neuem – weil sie mit ihrem Verhalten etwas ganz anderes erreichen wollen als ihre Eltern meinen. Mehr noch: Durch die elterliche Reaktion fühlen sich die Kinder darin bestätigt, dass sie von ihren Eltern keine freundliche Zuwendung, Mitsprache, Respekt oder Unterstützung erwarten können. Also werden sie durch störendes Verhalten weiterhin wenigstens negative Zuwendung erzwingen. Die ist immer noch besser als gar keine. Die eigentliche Sehnsucht der Kinder wird jedoch nicht gestillt. Und aus eigener Kraft können Kinder auch nicht aus diesem Kreislauf der Entmutigung aussteigen. Das ist Aufgabe der Erwachsenen.

Die »IRIS-Strategie«

Hier setzt die so genannte »IRIS-Strategie« an. In vier Schritten hilft sie den Eltern, Abstand von der konkreten Situation zu gewinnen, sich für das Kind ermutigend zu verhalten und die versteckten Botschaften des Kindes hinter dem zunächst so störenden Verhalten zu erkennen.

1. I wie Innehalten

Sagen Sie sich selbst innerlich: Stopp! Reagieren Sie nicht aus dem Affekt heraus, zum Beispiel mit Strafpredigten, Drohungen oder Strafen. Steigen Sie aus der drohenden Eskalation aus.

2. R wie Respektieren

Respektieren Sie Ihr Kind und versuchen Sie es zu verstehen. Es handelt nicht so, um Sie zu ärgern, sondern weil es befürchtet, dass Sie es aus den Augen verloren haben.
Aber: Seine Motive zu respektieren bedeutet nicht, dass Sie auch sein Verhalten akzeptieren müssen!

3. I wie Ignorieren

Gehen Sie so wenig wie möglich auf das störende Verhalten Ihres Kindes ein. Sonst bestätigen Sie Ihr Kind in seiner entmutigenden Annahme und laden es damit geradezu ein, seine Ziele auch weiterhin auf diesem Weg zu verfolgen.

Aber: Störendes Verhalten zu ignorieren bedeutet nicht, auch das Kind selbst zu ignorieren! Die meisten Eltern kennen das: So sehr sie sich auch bemühen zu übersehen, was ihre Kinder anstellen – irgendwann platzt ihnen der Kragen. Schlimmer noch: Weil sich ihr Ärger in der Zwischenzeit aufgestaut hat, droht er sich umso heftiger zu entladen. Je länger Eltern also »dulden«, desto größer wird die Gefahr, dass sie ihre Kinder anschließend mit Macht und Druck zu kontrollieren versuchen, statt ihnen das Gefühl zu geben, dass sie sie lieb haben. Also müssen Eltern möglichst schnell:

4. S wie Selbst handeln

Genau genommen geht es dabei um zwei Schritte:

- Zum einen müssen Sie »hier und jetzt« versuchen, sofort aus der drohenden Eskalation auszusteigen.

- Zum anderen geht es darum, durch eine »Antwort« im alltäglichen Umgang mit Ihrem Kind die eigentlichen (versteckten) Gründe für sein störendes Verhalten »trocken zu legen«. Sonst könnten sich ähnliche Auseinandersetzungen bald wiederholen.

Wie diese »Antwort« im Einzelnen aussehen kann, hängt immer von der Art der Störung und den Motiven ab, die Ihr Kind damit verfolgt (mehr dazu später). Jedenfalls kommt es darauf an, die versteckte Botschaft zu erkennen, die ein Kind mit dem störenden Verhalten aussendet, und seine wahren Bedürfnisse so gut wie möglich zu befriedigen. Versuchen Sie also, Ihr Verhaltensrepertoire für den Alltag weiterzuentwickeln, schenken Sie Ihrem Kind freiwillig und von sich aus Zuwendung, Mitsprache, Fairness und Unterstützung für eigene Erfolge.

Halten Sie Ihrem Kind aber auf keinen Fall den Irrtum vor: »Du willst ja bloß Aufmerksamkeit!« oder »Dir geht es nur um Macht!«. Solche Vorwürfe helfen Ihrem Kind nicht, sein Verhalten zu ändern. Die Bloßstellung seiner Motive, selbst wenn sie noch so »richtig« ist, zeigt ihm keine Alternative auf, sondern beschämt es. In seiner Ratlosigkeit wird es sein unangemessenes Verhalten möglicherweise sogar noch verstärken. Oder Ihr Kind entwickelt Rachegefühle, wenn Sie Ihr überlegenes Wissen als Machtmittel gegen es ausspielen.

Wie wichtig eine langfristige Reaktion auf das störende Verhalten von Kindern ist, zeigt ein Vergleich: Stellen Sie sich vor, Sie möchten von Ihrem Partner hören, dass er Sie liebt. Erst nach wiederholtem Drängen sagt er: »Ich liebe dich!« Stellt dieses Bekenntnis Sie genauso zufrieden wie ein freiwilliges, das er von sich aus gibt? Ihr Drängen dient dem gleichen Zweck wie das störende Verhalten von Kindern: Sie wollen beide wissen, was Sie dem anderen bedeuten. Gewissheit erhalten Sie dadurch aber nicht. Halten Sie also auch im Alltag Ausschau nach Möglichkeiten, Ihrem Kind zu geben, was es braucht. Dabei ist nicht Ihre Einschätzung das Entscheidende, sondern das Empfinden Ihres Kindes. Das bedeutet nicht, dass Sie Ihr Verhalten komplett ändern oder große Aktionen inszenieren müssen. Selbst kleine Schritte können bereits Großes bewirken.

Im Folgenden erfahren Sie, wie die »IRIS-Strategie« auf die vier störenden Verhaltensweisen »ungebührliche Aufmerksamkeit«, »Macht«, »Rache« und »Rückzug« angewendet werden kann.

Störendes Verhalten: Wenn Ihr Kind sich aufdrängt

Frau Ruhland legt im Wohnzimmer Wäsche zusammen, während Ina (3) auf dem Fußboden spielt. Da klingelt das Telefon. Als Frau Ruhland den Hörer abhebt, meldet sich ihre beste Freundin, die gerade aus dem Urlaub zurück ist. Doch kaum haben die beiden Frauen die ersten Sätze gewechselt, kommt Ina zu ihrer Mutter und beginnt, auf sie einzureden. Als Frau Ruhland das zunächst ignoriert, wird Ina immer lauter und zupft immer heftiger an ihrem Arm. Schließlich wendet sich Frau Ruhland doch ihrer Tochter zu und hört sich geduldig an, was Ina alles an ihrem Spielfigürchen bewegen kann. Kaum hat Frau Ruhland das Gespräch wieder aufgenommen, hat Ina das nächste Anliegen: Ihre Mutter soll ihr helfen, das Puppenkleid zuzuknöpfen … dann hat Ina ganz furchtbaren Durst … und schließlich möchte sie ihrer Mutter unbedingt etwas in ihrem Zimmer zeigen …

Frau Ruhland ermahnt Ina, dann schimpft sie, schließlich droht sie sogar. Doch alles fruchtet nicht: Sie kommt kaum dazu, auf ihre Freundin einzugehen, weil Ina immer wieder ihre Aufmerksamkeit verlangt.

Kinder, die um Aufmerksamkeit ringen, fühlen sich zu wenig beachtet. Sie meinen, dass ihre Eltern sie aus dem Blick verlieren, wenn sie sich anderen Beschäftigungen zuwenden. Denn sie glauben: Ich gehöre nur dazu, wenn die Erwachsenen sich ständig um mich kümmern.

Überlegen Sie mal: Wie haben Sie es erlebt, als Ihr Kind Aufmerksamkeit erzwingen wollte?

Erinnern Sie sich an Situationen, in denen Ihr Kind Aufmerksamkeit gefordert hat und Sie sich dadurch gestört gefühlt haben?

Warum, glauben Sie, hat Ihr Kind damals so drängend Ihre Aufmerksamkeit gesucht?

Wie haben Sie auf seine Störungen reagiert?

Wie hat sich Ihr Kind nach dieser Reaktion verhalten?

Welche Gefühle haben Sie dabei gehabt?

Womit sind Sie in dieser Situation hinterher nicht zufrieden gewesen, womit schon?

In Situationen wie der von Frau Ruhland und Ina ist die Gefahr groß, als Eltern schnell genervt und verärgert zu reagieren: »Du weißt doch, dass ich beim Telefonieren nicht gestört werden will! Das ist doch nicht so schwer zu verstehen!« Oder: »Geh weg, ich brauch' jetzt meine Ruhe!« Durch solche Sätze fühlen sich Kinder zurückgewiesen und in ihrer Überzeugung bestätigt: »Ich bin für meine Mutter, meinen Vater nicht wichtig.« Das führt in einen entmutigenden Kreislauf.

Andererseits: Wenn wir als Eltern unserem Kind in solchen »nervenden« Situationen Aufmerksamkeit schenken, belohnen wir es damit für sein störendes Verhalten. Es lernt, dass es trotz Widerstand zum Ziel kommt. Und umso mehr wird unser Kind auch in Zukunft zu diesem erfolgreichen Mittel greifen. Ein unlösbares Dilemma?

Exkurs: Wie viel Zuwendung braucht ein Kind?

Zeit, Zuwendung und Zärtlichkeit: Nach der bekannten Formel, die der Schweizer Pädagoge Heinrich Pestalozzi (1746-1827) vor mehr als 200 Jahren aufstellte, sind das die »drei großen Z«, die Eltern ihren Kindern schulden. Wobei »Zeit« eigentlich nur eine notwendige Begleiterscheinung ist und »Zärtlichkeit« nur eine besondere Qualität von »Zuwendung« darstellt, sprich: Vor allem braucht ein Kind Zuwendung.

Zuwendung kann vieles sein, je nach Alter des Kindes: Da ist der intensive Körperkontakt, beispielsweise durch das Stillen oder das Tragen des Säuglings in einem Tragetuch, das Vorlesen in einer Kuschelecke, die Gute-Nacht-Geschichte am Abend, der Turm aus

Bauklötzen, der gemeinsam aufgestapelt wird, oder das erste Papierflugzeug, das zusammen gebastelt wird. Da ist die gemeinsame Freude über die ersten Bilder des jungen Künstlers, über die vielen Spiele mit zunehmender Anforderung wie Memory, Mau-Mau, Uno oder Schach, und über die gemeinsam gefeierten Geburtstage, die Ausflüge und Sportaktivitäten. Und nicht zuletzt sind da das offene Ohr für die vielen Erlebnisse und Eindrücke, das Lächeln und Kitzeln beim Windelwechsel, das aufmunternde Zuzwinkern, Streicheln, in den Arm nehmen, das liebevolle Einbeziehen der Kinder in die Überlegungen und Entscheidungen der Erwachsenen …

Vieles davon geschieht »nebenbei«, ganz selbstverständlich, für anderes müssen die Eltern sich Zeit nehmen. Doch da gibt es auch noch die vielen anderen Anforderungen, Notwendigkeiten und Interessen, um die Eltern sich kümmern müssen oder möchten – der Haushalt, der Beruf, das Hobby, die eigenen, vielleicht pflegebedürftigen Eltern, Freundschaften und nicht zuletzt die so notwendigen eigenen Auszeiten ...

Da stellt sich die Frage: Wie viel Zuwendung braucht ein Kind eigentlich? Einige »Zeitmanager« meinen, diese Frage exakt beantworten zu können: Eine halbe oder eine dreiviertel Stunde »quality-time« täglich müssten (berufstätige) Eltern ihren Kindern schon widmen. Das Dumme ist nur: Die Zuwendung, die Kinder brauchen, und die Zeit, die Eltern dafür benötigen, lassen sich nicht planen wie ein Geschäftstermin. Kleine Kinder brauchen (meist) mehr als große, kranke mehr als gesunde, traurige mehr als glückliche, sensible mehr als robuste. Das lässt sich nicht bestimmen, weder von Managern noch von anderen Eltern – auch wenn die Versuchung groß ist, sich mit anderen Eltern zu vergleichen.

Außerdem ist nicht die Zeitmenge für das Erleben des Kindes ausschlaggebend, sondern die Qualität der Zuwendung. Erinnern Sie sich an die »Edelsteinmomente«! Fragen Sie sich immer wieder: »Wirkt mein Kind zufrieden und glücklich?« Fragen Sie auch Ihr Kind selbst und beobachten Sie seine Signale – und nehmen Sie diese ernst!

Überlegen Sie mal: Wie haben Sie als Kind Zuwendung erlebt?

Welche Ereignisse aus Ihrer eigenen Kindheit sind Ihnen als Augenblicke besonders intensiver Elternzuwendung bis heute im Gedächtnis geblieben?

. . . .

Wie verhielten sich Ihre Eltern in diesen Situationen?

. . . .

Oder: Was hätten Sie sich gewünscht?

. . . .

Die »IRIS-Strategie« bei ungebührlicher Aufmerksamkeit

Zurück zu Frau Ruhland und den anderen Eltern, deren Kinder ungebührliche Aufmerksamkeit fordern: Wie können die Eltern damit umgehen? Wie würde es aussehen, wenn sie in dieser Situation die »IRIS-Strategie« anwenden?

1. Innehalten

Sowie Sie bemerken, dass Sie genervt oder frustriert sind, sagen Sie innerlich: Stopp! Ich will nicht in das drohende Eskalations-Karussell einsteigen und werde deshalb nicht mit Strafpredigten oder Drohungen reagieren.

2. Respektieren

Versuchen Sie zu verstehen: Rufen Sie sich kurz die Motive Ihres Kindes ins Gedächtnis. Sie brauchen dazu keine intensive Ursachenforschung zu betreiben. Sie wissen ja schon: Ihr Kind will Sie nicht ärgern, indem es ungebührliche Aufmerksamkeit fordert, sondern es stört, weil es befürchtet, für Sie keine Rolle zu spielen. Es möchte dazugehören und beteiligt werden.

3. Ignorieren

Um Ihr Kind nicht für sein Verhalten zu belohnen, gehen Sie so wenig wie möglich darauf ein. Statt es darauf anzusprechen, setzen Sie Ihre eigene Tätigkeit fort. Das fällt Ihnen nun leichter, weil Sie ja wissen: Mit erzwungener Zuwendung ist meinem Kind nicht geholfen. Würden Sie jedoch das Verhalten Ihres Kindes einfach nur ignorieren, würde sich Ihr Kind entweder resigniert zurückziehen oder es würde immer heftiger agieren. Beide Lösungen sind nicht wünschenswert, daher ist es wichtig, dass Sie sofort etwas tun.

4. Selbst handeln

- Ihr Kind will beachtet werden und dazugehören. Es braucht Gewissheit, dass Sie es mögen. Diese Gewissheit verschaffen Sie ihm hier und jetzt am besten, indem Sie etwas tun. Das muss keine große Aktion sein, eine liebevolle Berührung oder ein Zulächeln genügt oft schon. Mit solchen Signalen können Sie Ihr Kind auch ohne Worte Ihre Liebe spüren lassen.
- Im alltäglichen Umgang mit Ihrem Kind können Sie seine möglicherweise »angeknackste« Überzeugung, dass es für Mutter und Vater ganz besonders wichtig ist, durch den gezielten Einsatz von »Edelsteinmomenten« festigen. Haben Sie mehrere Kinder, können Sie diesem einen Kind auch eine Extrazeit (»Special time«) schenken. Oder Sie versuchen, Ihr Kind immer wieder in die alltäglichen Abläufe oder Überlegungen mit einzubeziehen.

Für die Sofortreaktion bieten sich je nach Alter des Kindes unterschiedliche Signale an. Ein Zweijähriges könnten Eltern zum Beispiel streicheln oder auf den Schoß nehmen, während sie mit ihrer Beschäftigung fortfahren. Älteren Kindern, die körperliche Nähe und Zuwendung vielleicht als »babyhaft« ablehnen, könnten sie zuzwinkern, eine konkrete Zeit in Aussicht stellen, in der sie sich ihnen dann ganz widmen, oder sie konstruktiv in die eigene Beschäftigung einbinden. Wichtig ist auf jeden Fall, dass die Eltern dabei freundlich bleiben, aber fest zu ihren eigenen Bedürfnissen stehen.

Überlegen Sie mal: Wie gehen Sie damit um, wenn Ihr Kind stört?

Denken Sie noch einmal zurück an die Situationen, in denen Sie sich von Ihrem Kind gestört fühlten. Was machen Sie gerade?

. . . .

Wie verhält sich Ihr Kind?

. . . .

Mit welchen Verhaltensweisen könnten Sie beispielsweise auf Ihr Kind eingehen, ohne Ihre Beschäftigung zu unterbrechen?

. . . .

Lassen Sie sich nicht entmutigen, wenn eine Idee oder ein Vorschlag, wie Sie auf das Verhalten Ihres Kindes reagieren könnten, die erwünschte Wirkung verfehlt. Jedes Kind ist anders, und jede Mutter und jeder Vater sind anders. Bestimmte Signale der Wertschätzung, die das eine Kind trösten und beruhigen, kommen möglicherweise bei einem anderen überhaupt nicht an. Außerdem ist jede Situation anders, und die momentane Befindlichkeit spielt auch eine große Rolle. Deshalb kann es keine Patentlösungen geben. Wichtig ist vor allem, dass Sie als Eltern einen Vorschlag gut finden. Denn Sie sind die Experten Nr. 1 für Ihr Kind und können am ehesten beurteilen, was ihm wirklich gut tut. Und wenn Sie selbst nur mit halbem Herzen handeln, wird Ihr Kind das spüren und möglicherweise austesten, was es davon halten soll, sprich: Es wird weiter stören.

Als ihre Freundin sie einige Wochen später erneut anruft, reagiert Frau Ruhland auf Inas Störversuche anders. Sie legt sanft den Arm um sie und spricht dabei weiter mit ihrer Freundin. Zwischendurch zwinkert sie ihrer Tochter kurz zu. Ina fühlt sich dadurch ernst- und angenommen. Nach einiger Zeit tippelt sie wieder zu ihren Spielsachen und spielt weiter mit ihrer Puppe.

Störendes Verhalten: Wenn Ihr Kind mit Ihnen kämpft

Um selbst pünktlich ins Büro zu kommen, muss Frau Naumann morgens einen engen Zeitplan einhalten und ihren Sohn Manuel um 8 Uhr in den Kindergarten bringen. Aber Manuel spielt nicht mit. Obwohl er sich längst selbstständig anziehen kann, trödelt er jeden Morgen endlos herum. Mutter und Sohn schreien sich an, schimpfen und streiten, bis sie ihn wütend und unter Zeitdruck selbst anzieht. Hektisch und verärgert verlassen beide schließlich das Haus.

Frau Naumann fühlt sich durch Manuels Widerstand provoziert. Eigentlich will sie ihrem Sohn zeigen, dass sie »Herrin im Haus« ist. Doch am Ende lässt sie sich immer wieder von ihm zwingen, ihn selbst anzuziehen, weil sie nicht zu spät kommen will. Sie spürt, dass ihr Sohn Macht ausübt und der Boss sein will, und hat das Gefühl, immer zu verlieren.

Überlegen Sie mal: Welche Machtkämpfe haben Sie als Kind inszeniert?

Erinnern Sie sich an Machtkämpfe, in die Sie als Kind Ihre Mutter oder Ihren Vater verstrickt haben? Worum ging es?

. . . .

Wie haben Ihre Eltern reagiert?

. . . .

Was haben Sie damals empfunden?

. . . .

Wie hätten Sie sich das Verhalten Ihrer Eltern gewünscht?

. . . .

Traten diese Machtkämpfe in typischen Situationen immer wieder auf?

. . . .

Kinder, die ihre Eltern immer wieder in Machtkämpfe verwickeln, glauben: »Ich zähle nur, wenn ich Macht über andere ausüben kann, wenn ich bestimme und die anderen tun, was ich sage.« Vor allem bei kleinen Kindern in der »Trotzphase«, deren Lieblingswort »Nein« ist, haben Machtkämpfe einen defensiven Charakter - auch wenn ihre Eltern das oft anders empfinden. Die Kleinen wollen ihren eben entdeckten eigenen Willen verteidigen: »Ich zähle nur, wenn ich dir zeigen kann, dass du nicht über mich bestimmen kannst.«

Die versteckte Botschaft dahinter heißt: »Trau' mir zu, dass ich aus freien Stücken richtig handle. Gib mir mehr Möglichkeiten zur Selbst- und Mitbestimmung.«

Eltern fühlen sich durch den Widerstand ihrer Kinder meist provoziert, herausgefordert, verärgert und bedroht. Ihre spontane Reaktion ist: »Ich werde dich schon dazu bringen, das zu tun, was ich möchte. Damit kommst du bei mir nicht durch.« Doch ganz gleich, ob die Eltern nun in den Machtkampf einsteigen und sich mit allen Mitteln durchsetzen, oder ob sie nachgeben – so oder so bestätigen sie nur die irrige Annahme ihrer Kinder: »Der Stärkere gewinnt. Es kommt darauf an, die Macht zu haben.« Der nächste Machtkampf lässt dann auch nicht lange auf sich warten.

Exkurs: Wie ist die Macht bei Ihnen verteilt?

In jeder Familie stehen tagtäglich Entscheidungen an: Was essen wir heute? Darf Lukas seine Freunde aus dem Kindergarten mitbringen? Spielen wir vor dem Schlafengehen eine Runde »Memory« oder soll Papa vorlesen? Was unternehmen wir am Wochenende – Schwimmbad oder Fahrradtour? Soll Lukas zum Geburtstag schon ein Fahrrad bekommen? Schaffen wir lieber ein gebrauchtes als ein neues Auto an? Welche Schule soll Lukas vom Sommer an besuchen? Wohin fahren wir in den Urlaub?

Und so weiter. Je nachdem, welchen Einfluss die einzelnen Familienmitglieder auf diese Entscheidungen haben, verteilen sich auch die Stücke des »Machtkuchens« in der Familie.

Überlegen Sie mal: Wer hat zu Hause das Sagen?

Zeichnen Sie in einen Kreis den »Machtkuchen« für Ihre Familie. Markieren Sie dabei die unterschiedlichen Anteile der einzelnen Familienmitglieder durch »Tortenstücke« in verschiedenen Farben. Vielleicht fällt Ihnen das leichter, wenn Sie den Kreis vorher in wichtige Bereiche wie »Geld«, »Freizeit«, »Ernährung«, »Erziehung« etc. unterteilen. Wie wirkt das Ergebnis auf Sie?

. . . .

Sie können diese Frage auch mit Ihrem Partner gemeinsam beantworten. Zeichnen Sie beide dazu jeweils Ihren eigenen »Machtkuchen«. Stimmen Ihre Wahrnehmungen über die »Machtverteilung« in Ihrer Familie überein? In welchen Bereichen nicht?

. . . .

Gefällt Ihnen beiden der »Machtkuchen« so, wie er ist?

. . . .

Was meinen Sie: Warum hat er sich so entwickelt? Welchen Nutzen haben die Beteiligten (auch die mit kleinen Stücken!) daraus gezogen?

. . . .

Was möchten Sie (beide) gerne ändern?

. . . .

Die Machtverteilung in der Familie hat einen entscheidenden Einfluss auf die Entwicklung der Kinder. Wenn die Macht in der Familie allein bei den Eltern liegt, die Kinder also in einer Beziehung aufwachsen, in der die Eltern grundsätzlich kontrollieren, bestimmen und gewinnen, dann können:

- Spannungen zwischen Eltern und Kindern entstehen, weil das Grundbedürfnis der Kinder nach Selbst- und Mitbestimmung nicht erfüllt wird,
- Kinder die Überzeugung gewinnen, dass nur der Stärkere »Recht« hat,
- Kinder sich daran gewöhnen, sich in Auseinandersetzungen mit anderen machthungrig durchzusetzen.

Wenn die Macht vor allem bei den Kindern liegt, weil die Eltern ihnen ständig nachgeben, dann können:
- die Kinder sich an eine Freiheit ohne Regeln gewöhnen,
- sie ihr Selbstbewusstsein verlieren, weil sich die Eltern mit ihnen nicht auseinandersetzen,
- sie den Respekt vor ihren Eltern verlieren.

Am besten versuchen Eltern deshalb, flexibel mit der Macht in der Familie umzugehen. Das heißt: Sie bestehen auf der Einhaltung bestimmter Grenzen, lassen ihren Kindern aber gleichzeitig Raum, sich auf ihre Weise einzubringen. Vor diesem Hintergrund können Auseinandersetzungen um mehr oder weniger »Macht« sehr fruchtbar sein. Solche Konflikte treten in Familien zwangsläufig auf. Das hängt damit zusammen, dass Kinder älter werden und sich dabei an früher gesetzten Grenzen reiben. An solchen Auseinandersetzungen können Kinder wachsen und reifen, sie brauchen sie geradezu – aber keine destruktiven Machtkämpfe, die eskalieren. Je früher es Ihnen gelingt, aus derartigen Eskalationen auszusteigen, desto besser.

Die »IRIS-Strategie« bei Machtfragen

Kommt es zu »Machtkämpfen« mit Ihrem Kind, können Sie so vorgehen:

1. Innehalten

Sowie Sie bemerken, dass Sie wütend werden, sagen Sie zu sich selbst: Stopp! Lassen Sie sich nicht in einen Machtkampf hineinziehen. Vermeiden Sie Drohungen oder andere Demonstrationen Ihrer Macht. Nehmen Sie sich zurück, nehmen Sie ganz bewusst »den Wind aus den Segeln«. Das ist der erste Schritt zur Lösung. Denn zu einem Machtkampf gehören immer zwei. Der Rückzug kann in einem kurzen Moment des Innehaltens und Durchatmens bestehen. Sie können sich aber auch länger »abkühlen«, indem Sie sich zum Beispiel in ein anderes Zimmer zurückziehen.

2. Respektieren

Versuchen Sie zu verstehen: Ihr Kind handelt so, weil es glaubt, dass es anders keine Chance bekommt, seinem Willen Gehör zu verschaffen oder sich auf seine Art einzubringen. Vielleicht will es grundsätzlich mehr Selbstbestimmung und Mitsprache. Möglicherweise will es aber auch nur Grenzen austesten oder gesehen werden.

3. Ignorieren
Verzichten Sie darauf, das Verhalten Ihres Kindes zu kommentieren.

4. Selbst handeln (1)
Versuchen Sie selbst die Initiative zu ergreifen. Je nach Situation bieten sich dazu eine ganze Reihe weiterführender, auch überraschender Möglichkeiten an, insbesondere dann, wenn es sich lediglich um Kabbeleien oder kleine »Machtspielchen« handelt.

Zeigen Sie Ihrem Kind, wie es richtig »nein!« sagen kann:
Die Mutter muss dringend einen kurzen Einkauf erledigen und fragt ihren 12-jährigen Sohn Ben, ob er in dieser Zeit auf die 2-jährige Isabell aufpassen kann. »Nein, lass mich in Ruhe«, schreit dieser sie an. »Oh«, meint Mutter, »da hab' ich aber in ein Wespennest gestochen. Du, wenn du nicht willst oder jetzt nicht kannst, sag meinetwegen auch ›Nein‹, nur bitte in einem ruhigen Ton, o.k.?«

Es gibt sehr viele Tonarten, in denen wir »Nein« sagen können: zögernd, unsicher, verängstigt, schüchtern, provozierend, wütend, aggressiv, gehässig. Und viele Machtkämpfe entwickeln sich vor allem deshalb, weil Eltern der Ton nicht gefällt, in dem Kinder ihr Nein artikulieren.

Andererseits wollen sie aber auch, dass ihre Kinder in den richtigen Momenten »Nein« sagen können: zu Drogen und anderen Suchtmitteln, zu erzwungenem Sex, zu Gewalt. Sie müssen also das Neinsagen lernen – und sie müssen erfahren, dass ihr Nein auch respektiert wird.

Es ist deshalb gut, wenn Eltern ein Nein ihres Kindes im Familienalltag zulassen und stehen lassen können. Und wenn sie ihm zeigen, wie man auf respektvolle und akzeptable Art und Weise »Nein« sagen kann. Eltern sind da auch als Vorbilder gefordert. Wer ein Nein eines Anderen respektiert, vergrößert damit in der Regel auch dessen Bereitschaft, gemeinsam nach einem Kompromiss oder einer Alternative zu suchen.

Machen Sie ein Spiel daraus:
Sarah will sich nicht die Zähne putzen. »Wer von uns kann beim Zähneschrubben mehr Schaum machen?«, fordert ihre Mutter sie heraus.

Vor allem bei kleinen Kindern haben Eltern oft Erfolg, wenn sie den drohenden Machtkampf in ein Spiel verwandeln. Neben Wettspielen wie bei Sarahs Zahnputzstreik eignen sich dazu oft Geschichten, in denen Zwerge (= Kinder) sich gegen Zumutungen von Riesen (= Eltern) wie Aufräumen, Schlafengehen oder Haarewaschen zur Wehr setzen.

Tun Sie das Unerwartete:
Der 7-jährige Tobias kommt aus der Schule. Die Mutter hört, wie er seine Schuhe unters Schuhregal kickt, die Jacke vor der Garderobe fallen lässt – und sie wartet schon auf das vertraute Plumpsen des Schulranzens auf den Boden. Jeden Tag dasselbe! Nur sie ist heute eine andere. Sie stülpt sich eine Papiertüte über den Kopf, rast mit lautem Gebrüll in den Eingangsbereich und sammelt als Müllmonster den Unrat ein. Wer weiß, vielleicht lässt sie ja mit sich verhandeln und rückt den Müll nochmal heraus?!

Unerwartete Reaktionen sind eine weitere probate Methode in Auseinandersetzungen mit kleinen Kindern. Machtkämpfe laufen meist nach einem immer gleichen Schema ab. Die Kinder kennen das und bauen oft sogar darauf, dass Eltern genau so reagieren, wie sie es erwarten. Umso überraschter sind sie, wenn die Eltern unerwartet aus ihrer Rolle ausbrechen – den Clown spielen, einen Wutausbruch à la Donald Duck hinlegen oder den Machtkampf singenderweise in eine Opernszene verwandeln. Je lustiger, verrückter, kurioser, desto besser.

Benutzen Sie Geheimcodes:
Wieder einmal scheinen die Weichen auf Sturm gestellt. Mit zunehmender Wut im Bauch stehen sich Frau Morser und Tobias, ihr 9-jähriger Sohn, gegenüber. Ein Wort ergibt das andere, dabei sollte Tobias nur seine Sport-

sachen wegräumen. Doch dann entwickelt sich die Situation anders als sonst. Frau Morser gibt das Geheimzeichen: sie überkreuzt Zeige- und Mittelfinger der rechten Hand. Beide hatten dies zuvor als Zeichen vereinbart, mit dem jeder signalisieren kann, dass er das Eskalieren eines Streites spürt, aus dem er aussteigen möchte. Beiden gelingt es auch diesmal: Wie vereinbart schweigen sie kurz, um dann einander ruhig mitzuteilen, worum es ihnen jeweils geht.

Kinder lieben Geheimnisse. Eltern, die sich mit ihrem Nachwuchs immer wieder in ähnliche Machtkämpfe verstricken, können diese Vorliebe nutzen und mit ihrem Kind ein Signal vereinbaren, das sie immer dann senden, wenn sie denken: »Oh je, jetzt geht schon wieder der Kampf um XY los.« Als Code eignen sich zum Beispiel übertrieben verzweifelte Gesten, imitierte Sirenen oder ähnliches – es darf dabei ruhig gelacht werden.

Oft werden Machtkämpfe durch solche Codes überflüssig oder sie entwickeln sich anders – weil sie dem anderen zeigen: Ich möchte mich nicht mit dir fetzen. Lass uns versuchen, in Ruhe eine Lösung zu finden. Dafür sind wir beide gemeinsam verantwortlich.

Führen Sie Ihr Kind liebevoll:
Eigentlich sollte Anne zuerst den Müll in den Keller bringen und danach erst mit ihrem Bruder am Computer die Einladungen für ihre Geburtstagsparty schreiben. Jetzt sitzen die beiden schon seit 20 Minuten vor dem Monitor. Annes Mutter geht zu ihr und streichelt ihr über den Rücken, bis Anne von sich aus aufsteht und zum Mülleimer geht.

Diese Methode eignet sich besonders gut, wenn Kinder eine Vereinbarung mit den Eltern »vergessen« haben. Wiederholte Aufforderungen an das Kind, endlich seine Pflichten zu erledigen, führen dann oft zu einem Machtkampf. Um den zu vermeiden, können Sie es mit »liebevoller Führung« versuchen. Schauen Sie Ihrem Kind freundlich in die Augen und streichen Sie ihm vielleicht zusätzlich sacht über den Arm oder Rücken, bis es sich entscheidet, die verabredete Aufgabe zu erledigen. Am besten tun Sie das wortlos. Nur wenn Sie es nicht mehr aushalten oder das Gefühl haben, Ihr Kind habe die abgesprochene Aufgabe vergessen, können sie noch einmal mit einem kurzen Stichwort (»der Müll!«) daran erinnern – aber möglichst nicht vorwurfsvoll, sondern ruhig und freundlich.

Zeigen Sie den Entscheidungsspielraum auf – mit Blick auf mögliche Folgen:

Es ist Zeit für Frederik (4), ins Bett zu gehen. Sein Vater weist auf die Uhrzeit hin und bittet ihn, ins Bad zu gehen. Doch auch, als sein Vater die Bitte wiederholt, weigert sich Frederik: »Nein, ich geh' nicht!« Der Vater erklärt: »Frederik, es ist Zeit hochzugehen. Du kannst entscheiden: Gehst du selbst, oder soll ich dich nach oben tragen?« Als Frederik bei seinem Nein bleibt, erklärt der Vater: »Okay, du hast dich für das Tragen entschieden.« Er nimmt seinen Sohn auf den Arm und geht mit ihm die Treppe hinauf.

Manchmal bleibt Eltern keine andere Wahl: Sie können ihrem Kind keinen Handlungsspielraum lassen. Sie können ihm aber zumindest noch die Entscheidungsfreiheit lassen, sein Verhalten zu ändern oder bewusst die Konsequenzen zu tragen. Welche Kriterien diese Konsequenzen erfüllen müssen und wie sie angewendet werden, erfahren Sie ab Seite 83. Wichtig dabei ist, dass Sie Ihrem Kind die Folgen seines Verhaltens respektvoll, ohne zu schimpfen oder zu drohen, aufzeigen und dann freundlich, aber fest handeln. Umso eher wird Ihr Kind die Konsequenzen nicht als Ausdruck elterlicher Machtwillkür verstehen.

Übrigens entscheiden sich Kinder oft doch zu »kooperieren«, sobald sie erkennen, dass die Eltern es ernst meinen und ihre Ankündigungen wahr machen. Die Kinder folgen damit ihrem Grundbedürfnis, lieber selbst zu handeln und sich dadurch kompetent zu fühlen.

Bieten Sie begrenzte Wahlmöglichkeiten an:
An jedem Nachmittag schaut Katharina sich eine halbstündige Sendung im Fernsehen an. Diesmal möchte sie noch eine zweite Sendung vorher sehen und fordert dies mit Nachdruck. Ihre Mutter respektiert den Wunsch, besteht aber auf der Vereinbarung: täglich höchstens eine halbe Stunde fernsehen. Die Mutter lässt Katharina deshalb die Wahl: die eine Sendung oder die andere oder von beiden einen Teil.

Erfahrungsgemäß gehen vor allem kleinere Kinder oft bereitwillig darauf ein, wenn Eltern ihnen Alternativen anbieten und ihnen die Freiheit lassen, sich für die eine oder die andere Möglichkeit zu entscheiden. Zwei Alternativen reichen dabei in der Regel aus. Mehr würden den Entscheidungsprozess für kleine Kinder zu sehr erschweren. Für die Eltern müssen allerdings beide Möglichkeiten akzeptabel sein.

Lassen Sie Ihr Kind mitbestimmen:
Die Familie erwartet Besuch, die Mutter bereitet unter Hochdruck das Essen vor. Ihre Bitte, ihr zu helfen und beim Bäcker schnell ein Pfund Kaffee zu besorgen, lehnt Tim jedoch ab: »Nein, dazu habe ich keine Lust.« Statt darüber zu schimpfen oder zu versuchen, Tim durch Androhung von Strafen zu zwingen, respektiert die Mutter seine Absage, schildert ihm ihre Not und fragt ihn, ob er lieber eine andere Aufgabe wie Staubsaugen oder Tischdecken übernehmen möchte. Sie appelliert damit an Tims Einsicht, dass jeder seinen Teil zu einem gelungenen Familienleben beitragen muss, lässt ihm aber die Wahl, seinen Beitrag selbst zu bestimmen.

Im Alltag bieten sich Eltern unendlich viele Möglichkeiten, ihre Kinder in Entscheidungen einzubeziehen oder sie um ihren Rat zu fragen. Wenn sie spüren, dass ihr Urteil und ihre Meinung den Eltern wichtig sind und sogar deren Entscheidung beeinflussen, merken sie, wie wichtig sie für ihre Eltern sind. Warum sollten Sie Ihr Kind also nicht nach seiner Meinung fragen, wenn Sie sich bei der Farbe Ihres neuen Autos, Pullovers oder Teppichs nicht entscheiden können oder zwischen verschiedenen Modellen schwanken? Dem Selbstbewusstsein eines 5-Jährigen tut es ungemein gut, wenn er die Farbe des zukünftigen Autos bestimmen darf – und es erspart ihm bei anderen Gelegenheiten den Zwang, Machtkämpfe zu inszenieren. Es lohnt sich also, wenn Sie nach solchen Chancen bewusst Ausschau halten.

Lassen Sie Ihre eigene Position los:
»Und was ist mit deinen Hausaufgaben?«, will die Mutter wissen. »Wir haben doch vereinbart, dass die zuerst fertig sein müssen.« »Die mache ich nachher«, versichert Martin. »Aber wenn ich erst in zwei Stunden schwimmen gehe, sind meine Freunde nicht mehr da.« »Okay«, lenkt seine Mutter ein, »versuchen wir es mal. Aber wenn's nachher Probleme mit den Hausaufgaben gibt, kannst du das beim nächsten Mal nicht mehr so machen.«

Viele Machtkämpfe entwickeln sich, weil Eltern eine ganz genaue Vorstellung davon haben, wie etwas zu sein oder ihr Kind sich zu verhalten hat. Aber ist das wirklich immer der einzig richtige Weg? Die Gefahr ist, dass Eltern sich darüber immer wieder in Machtkämpfe mit ihrem Kind verstricken und sich die Fronten verhärten. Deshalb lohnt es sich, einmal zu überlegen, woran das liegt. Ist wirklich jeder Kampf so wichtig, den ich mit meinem Kind führe? Muss ich diesen Kampf jetzt führen, oder kann ich auch einmal meine Position loslassen? Was passiert, wenn nicht genau das eintritt, was ich mir gerade vorstelle? Was verliere ich, wenn ich meine Position einmal loslasse und meinem Kind zugestehe, sich anders zu verhalten?

Das bedeutet natürlich nicht, dass Sie bei jedem Konflikt die eigene Position loslassen und so jeder unbequemen Auseinandersetzung mit Ihrem Kind aus dem Weg gehen sollen. Die Überlegungen helfen Ihnen zu unterscheiden: Wo geht es wirklich um wichtige Regeln, auf deren Einhaltung ich unbedingt bestehen muss? Und wo kann ich meinem Kind (ausnahmsweise) Freiräume zubilligen? Reduzieren sich die Auseinandersetzungen auf die wesentlichen Punkte, schärft das bei Ihrem Kind zudem den Blick für das, worauf es wirklich ankommt.

Schaffen Sie eine Win-win-Situation:
Bei Familie Laumik werden hin und wieder während der Mahlzeiten Musik-CDs aufgelegt. Als der Vater kurz vor dem Essen wieder einmal eine CD auflegen will, springt Carsten, 4 Jahre, auf und ruft: »Au ja, meine Musik! Hier die!« und hält ihm die CD mit den Tierliedern unter die Nase. »Nein, Carsten, jetzt habe ich gerade diese eingelegt, die mir gefällt«, antwortet Herr Laumik. »Nein, nicht deine. Ich will meine Musik hören«, schreit ihn sein Sohn an. Herr Laumik macht folgenden Kompromiss-Vorschlag: »Na, wir können es ja so machen: erst spielen wir drei Lieder von meiner, und dann drei von deiner CD. O.k., Carsten?« »Ja!« Beide setzen sich zufrieden zu Tisch.

Eltern sind nicht die »Bestimmer« in den Familien. Damit das Zusammenleben gelingt und sich nicht in einem ständigen Hickhack verschleißt, müssen alle Beteiligten zu ihrem Recht kommen, auch die Kinder. Ob das der Fall ist, wissen die Kinder selbst am besten. Das heißt, sie müssen bei der Suche nach den »richtigen« Lösungen beteiligt sein.

Jeder gewinnt gern. Und es tut gut, das machen zu können, was man möchte. Aber in einer Gemeinschaft ist das nicht immer möglich. Stattdessen müssen alle lernen, so miteinander zu verhandeln, dass die Lösung nicht auf Kosten eines anderen geht. Die Ökonomen nennen das »Win-win-Situationen schaffen«. Dabei müssen einerseits die eigenen Interessen klar vertreten werden. Gleichzeitig müssen die Interessen der anderen als gleichwertig und gleich wichtig respektiert werden. Um zu einer Lösung oder zu einem Kompromiss zu kommen, müssen sich beide Seiten von ihrem Standpunkt weg und aufeinander zu bewegen. Dies kann in einer Situation ad hoc geschehen oder bei grundlegenden Fragen mithilfe einer Konfliktlösestrategie (ab Seite 112 ff), die sich Schritt für Schritt einer Einigung nähert.

Überlegen Sie mal: Wie lösen Sie Machtkämpfe?

Welche typischen Machtkämpfe mit Ihrem Kind erleben Sie des Öfteren?

. . . .

Welche Lösungsmöglichkeiten haben Sie dabei in der Situation selbst ausprobiert?

. . . .

Wie hat Ihr Kind darauf reagiert?

. . . .

Welche anderen Vorschläge würden Sie gerne einmal ausprobieren?

. . . .

4. Selbst handeln (2)

Indem Sie aus einem drohenden destruktiven Machtkampf ausgestiegen sind, haben Sie eine explosive Situation entschärft und eine Eskalation verhindert. Liegt der Auseinandersetzung jedoch ein zentraler Konflikt zu Grunde, bleibt dieser vorerst ungelöst. Vor allem wenn ein Kind seine Eltern immer wieder zu Machtkämpfen herausfordert, muss ein zweiter Schritt folgen. Im Sinne der »IRIS-Strategie« müssen Sie noch eine »Antwort im Alltag« geben. Diese besteht in dem Versuch, grundlegende Konflikte gemeinsam zu lösen und das offenkundige Bedürfnis des Kindes nach mehr Selbstbestimmung und Mitsprache zu befriedigen.

Erfolgreiche Win-win-Verhandlungen scheitern oft nicht nur an der momentanen Erregung, sondern auch am (Zeit-)Druck, unter dem Eltern und Kinder bei vielen typischen Machtkämpfen stehen. Abstand und Ruhe sind dafür aber unbedingt erforderlich. Deshalb ist es durchaus legitim, wenn Sie Ihr Kind vorläufig vertrösten:

»Ich habe den Eindruck, dir geht es hier um etwas Wichtiges und Grundsätzliches, das wir im Moment nicht lösen können. Ich würde gern mit dir darüber sprechen, wenn wir beide Zeit haben und auch wieder ruhig miteinander reden können. Bis dahin gelten die bisherigen Absprachen. Aber vielleicht können wir dann ja etwas Neues vereinbaren.«

Natürlich muss dieses Gespräch dann möglichst bald folgen, sonst sind weitere Machtkämpfe vorprogrammiert – und die Bereitschaft Ihres Kindes schwindet, im Vertrauen auf ein späteres Entgegenkommen der Eltern noch einmal einzulenken.

Sie können Machtkämpfen auch dadurch vorbeugen, dass Sie

- Ihrem Kind möglichst oft und ganz konkret Wahlmöglichkeiten aufzeigen, die Sie ihm zugestehen können, und ihm dann die Entscheidung überlassen, wie es diese Möglichkeiten nutzt,
- Ihr Kind auf kommende Situationen vorbereiten und ihm damit Zeit geben, freiwillig zu handeln.

Frau Naumann hat sich entschlossen, beim Machtkampf nicht mehr mitzuspielen. Am nächsten Morgen verzichtet sie darauf, Manuel zu ermahnen, zu schimpfen und selbst anzuziehen. Sie erklärt ihm nur, wie der Morgen zeitlich abläuft und was genau seine Aufgaben sind. Sie zeigt ihm auf der Uhr, wann es Zeit ist, das Haus zu verlassen, und verspricht ihm, ihn kurz vorher daran zu erinnern. Die Entscheidung, ob er sich bis zur Abfahrt anziehen oder so mitgehen möchte, wie er gerade ist, überlässt sie ihm. Und obwohl es ihr schwer fällt: Als er sich trotz Erinnerung zur vereinbarten Zeit noch nicht angezogen hat, akzeptiert sie seine Entscheidung und nimmt ihn konsequenterweise im Schlafanzug mit zum Kindergarten. Dort kann er sich, so spricht Frau Naumann es mit der Erzieherin ab, in einem Nebenraum umziehen, bevor er in seine Gruppe geht. Für den Abend nimmt sie sich vor, noch einmal mit Manuel über die Folgen seiner Entscheidung zu sprechen und womöglich für den nächsten Tag neue Absprachen zu treffen.

Störendes Verhalten: Wenn Ihr Kind sich rächen will

Der 5-jährige Peter hat ein Geschwisterchen bekommen. Während Großeltern, Onkel und Tanten das Baby bestaunen und bewundern, verkriecht sich Peter in seinem Zimmer und reißt Seiten aus seinen Bilderbüchern. Als seine Mutter ihn nach einiger Zeit zum Kuchenessen holen will, sieht sie die zerfetzten Bücher: »Peter, bist du total verrückt geworden? Was soll denn das? Du bist doch alt genug, um zu wissen, dass man so etwas nicht macht.« Peter schreit zurück: »Lass mich in Ruhe, du blöde Kuh! Mit meinen Büchern kann ich machen, was ich will. Du hast mir gar nichts zu sagen.« Frau Beier, geschockt und verletzt, zerrt an Peters Arm: »Das sagst du nicht noch einmal zu mir! Für dich gibt es heute keinen Kuchen. Du bleibst in deinem Zimmer und hebst sofort die Seiten auf!« Peter brüllt zurück: »Hau ab zu deinem Baby. Du stinkst!«

Alle schauen nur auf das neue Baby, niemand zeigt Interesse für Peter: Diese Missachtung seiner Person will er den Eltern heimzahlen. Er ver-

sucht, ihnen weh zu tun, indem er seine Bücher zerstört, auf die seine Eltern offensichtlich großen Wert legen, und indem er seine Mutter beschimpft. Die Methode wirkt. Peters Mutter reagiert erschrocken und verletzt: »So schlimm benimmt sich mein Sohn? Wie wird das später noch werden, wenn er jetzt schon so provozierend mit mir umgeht?« Das kann sie auf keinen Fall zulassen. Aus der eigenen Verletzung heraus rächt sie sich nun ihrerseits.

Kinder zeigen ihr Bedürfnis nach »Rache« auf sehr unterschiedliche Arten. Die einen beleidigen ihre Eltern, andere lassen sich sogar zu körperlichen Attacken wie schlagen und treten hinreißen. Rachegefühle verstecken sich manchmal aber auch hinter weniger offensichtlichen Verhaltensweisen. Zum Beispiel, wenn Kinder die »Schätze« der Eltern beschädigen – die neue Digitalkamera, die sorgsam gepflegten Zimmerpflanzen oder wie Peter eigene Bücher und Spielsachen. Oder wenn Kinder plötzlich wieder in die Hose machen, obwohl sie »eigentlich« längst sauber sind.

Kinder, die das Signal »Rache« zeigen, kämpfen um die Beachtung ihrer Bedürfnisse. Sie fühlen sich unfair und ungerecht behandelt.

Überlegen Sie mal: Wohin führt die Rache?

Erinnern Sie sich an Situationen, in denen Sie sich an anderen rächen wollten, als Kind oder als Erwachsener. Welche Rachefantasien haben Sie entwickelt, welche tatsächlich umgesetzt?

....

Was war vorher passiert? Was hätten Sie sich stattdessen gewünscht?

....

In welchem Bedürfnis fühlten Sie sich damals verletzt?

....

Wie haben Ihre Eltern oder andere damals reagiert?

. . . .

Wie endete die Auseinandersetzung? Welche Gefühle hinterließ sie bei Ihnen ? Hatte sie Auswirkungen auf Ihre Beziehung zu den anderen?

. . . .

Wenn Sie sich von Ihrem Kind in einen gegenseitigen Rachefeldzug verstricken lassen, bestätigen Sie Ihr Kind nur in seiner irrigen Annahme: »Nur auf diese Weise kann ich mir – wenigstens in negativer Form – Aufmerksamkeit und Achtung verschaffen.«

Versuchen Sie stattdessen, nicht aus der eigenen Verletzung heraus zu handeln, um sich nicht in eine unüberlegte Eskalation hineinziehen zu lassen. Setzen Sie stattdessen dem ungebührlichen Verhalten Grenzen und zeigen Sie Ihrem Kind gleichzeitig, dass Sie es lieben. Kinder mit Rachegelüsten brauchen ein Gegenüber, das sich selbst ernst nimmt, aber auch Verständnis zeigt für ihre Gefühle und Bedürfnisse.

Die »IRIS-Strategie« bei Rache

Will sich Ihr Kind rächen, können Sie mit der »IRIS-Strategie« wie folgt vorgehen:

1. Innehalten

Sowie Sie bemerken, dass Sie wütend oder gekränkt sind, sagen Sie sich selbst: Stopp! Kränken oder bestrafen Sie Ihr Kind nicht. Ziehen Sie sich, wenn nötig und möglich, im Sinne einer Deeskalation zurück.

2. Respektieren

Respektieren Sie Ihr Kind und versuchen Sie, es zu verstehen! Es handelt so, weil es sich selbst unfair behandelt oder bloßgestellt fühlt.

3. Ignorieren

Weisen Sie das beleidigende oder aggressive Verhalten Ihres Kindes so knapp wie möglich zurück, indem Sie ihm Ihre Grenze aufzeigen: »Das verletzt mich. Ich möchte nicht, dass du so mit mir redest.« Oder: »Wenn du so mit mir sprichst, kann ich dir nicht zuhören!« Oder einfach: »Das trifft mich. Ich möchte das nicht.« Je nach Alter Ihres Kindes und Ihrer eigenen Befindlichkeit können Sie die Verletzung auch »spielerisch« undramatisch zurückweisen: »Gut, dass ich das nicht gehört habe!«

4. Selbst handeln

(1) Wenden Sie sich Ihrem Kind so bald wie möglich wieder verständnisvoll und wertschätzend zu. Ihr Kind fühlt sich selbst verletzt und braucht die Gewissheit, dass seine Gefühle ernst genommen

werden. Versuchen Sie herauszufinden, warum Ihr Kind so gekränkt reagiert.

(2) Wie Ihre »Antwort im Alltag« aussehen könnte, hängt ganz von den konkreten Auslösern für die Rachebedürfnisse Ihres Kindes ab. Ermutigen Sie es auf jeden Fall, seinen Ärger auszudrücken, wenn es sich verletzt fühlt – auf eine akzeptable Weise. Vielleicht können Sie auch ein »geheimes« Zeichen mit ihm vereinbaren, mit dem es Ihnen signalisiert, wann es sich übergangen fühlt. Allein schon die Tatsache, dass Sie seine Gefühle derart ernst nehmen, wird aufkeimende Rachegelüste bremsen – selbst wenn es Ihnen schwer fällt, es »fair« zu behandeln, zum Beispiel wegen vordringlicher Bedürfnisse von kleineren oder kranken Geschwistern. Versuchen Sie in solchen Fällen aber, Ihrem Kind Ihr Verhalten zu erklären und sein Verständnis dafür zu wecken.

Vor allem wenn Sie sich öfter von Ihrem Kind zutiefst verletzt fühlen, sollten Sie außerdem über Ihren eigenen »Gefühlshaushalt« nachdenken. Woher kommt diese Verletzlichkeit? Was könnte Ihnen helfen, den Herausforderungen durch Ihr Kind gelassener zu begegnen? Damit verringern Sie die Gefahr, dass Sie dem spontanen Impuls nachgeben und Ihr Kind bestrafen - und damit die Situation noch weiter anheizen.

Überlegen Sie mal: Wenn Ihr Kind sich rächen will

Erinnern Sie sich an Situationen, in denen Ihr Kind sich an Ihnen rächen wollte. Welche Mittel hat es dazu eingesetzt? Waren die Situationen ähnlich?

. . . .

Was war vorausgegangen? In welchen Bedürfnissen fühlte es sich möglicherweise verletzt?

. . . .

Wie haben Sie reagiert? Mit welchem Ergebnis?

. . . .

Waren Sie mit Ihrer Reaktion zufrieden?

. . . .

Würden Sie sich heute anders verhalten, und wenn ja, wie?

. . . .

Als Peter sie ein paar Tage später erneut beleidigt, versucht Frau Beier gelassen zu bleiben und auf die verletzten Gefühle hinter seinem Verhalten einzugehen: »Das sind starke Worte, die ich aber nicht hören möchte. Doch es klingt ganz so, als wärst du total wütend auf mich. Was ist denn los?« Sie spricht mit Peter über die Gefühle, die das neue Geschwisterchen und das Verhalten der Erwachsenen in ihm auslösen, und überlegt mit ihm gemeinsam, was er braucht, um seine Enttäuschung zu überwinden.

Störendes Verhalten: Wenn Ihr Kind entmutigt aufgibt

Der 6-jährige Tobias macht sich fertig für den Kindergarten. Er hat seine Schuhe angezogen und streckt seine Füße seiner Mutter hin, damit sie ihm die Schnürsenkel zubindet. »Aber Tobi, das kannst du doch jetzt schon allein«, wehrt Frau Lorenz ab. »Ich kann das nicht mehr«, antwortet Tobias leise. Er nimmt die beiden Enden der Schnürsenkel, dreht sie umeinander und lässt sie nach einigen vergeblichen Versuchen wieder los. »Siehst du, ich schaff's nicht.« Seine Mutter bemüht sich, ihn zu weiteren Versuchen zu bewegen, nimmt ihm schließlich aber doch die Schnürsenkel aus der Hand: »Na komm, dann mach' ich's eben schnell für dich.«

Eigentlich wäre Frau Lorenz froh, wenn sie Tobias nicht ständig helfen müsste – nicht nur beim Schuhebinden. Und doch gibt sie bereitwillig seiner vermeintlichen Unfähigkeit nach. Denn sie empfindet die Notwendigkeit, ihn für jede kleinste Aufgabe neu zu motivieren, als »nervig«. Außerdem lässt sie sich von der Haltung ihres Kindes anstecken. Sie übernimmt – das ist die große Gefahr – zunehmend die Selbsteinschätzung ihres Kindes. Sie erwartet immer weniger von ihm (»Das schafft er ja sowieso nicht!«). Auch bemitleidet sie ihr Kind und nimmt ihm immer wieder kleine alltägliche Dinge ab: »Lass mal, ich mach' das schon.« Dadurch bestätigt sie aber wiederum dessen Meinung über sich selbst. Das ist ein sehr entmutigender Kreislauf! Wie aber kann sie sich verhalten?

Überlegen Sie mal: Wenn Ihr Kind sich klein macht

Erinnern Sie sich an Situationen, in denen Ihr Kind Leistungen hilflos oder kraftlos verweigerte, die es eigentlich erbringen könnte?

. . . .

In welcher Verfassung war Ihr Kind damals?

. . . .

Welches Bedürfnis steckte möglicherweise hinter seiner Verweigerung? Wann hat es damit angefangen? Was hat sich damals verändert?

. . . .

Wie haben Sie auf sein Verhalten reagiert?

. . . .

Mit welchem Erfolg?

. . . .

Die »IRIS-Strategie« bei Rückzug

Auch wenn Ihr Kind entmutigt aufgibt und sich zurückzieht, können Sie die »IRIS-Strategie« anwenden:

1. Innehalten

Sowie Sie bemerken, dass Sie sich hilflos fühlen und Ihre Bemühungen um Ihr Kind aufgeben wollen, sagen Sie sich selbst: Stopp!

2. Respektieren

Respektieren Sie Ihr Kind und versuchen Sie, es zu verstehen! Es tut nicht nur so, sondern es ist wirklich von seiner Unfähigkeit überzeugt oder es hat Angst vor Versagen.

3. Ignorieren

Gehen Sie so wenig wie möglich auf die scheinbare Hilflosigkeit Ihres Kindes ein. Lassen Sie sich nicht dazu verleiten, es zu bemitleiden. Zeigen Sie ihm nicht, dass Sie sich Sorgen machen. Damit würden Sie ihm nur bestätigen, dass Sie ihm wenig zutrauen.

4. Selbst handeln

(1) Lassen Sie sich nicht von berechtigten Anforderungen an Ihr Kind abbringen. Trauen Sie ihm etwas zu und muten Sie ihm auch etwas zu. Versuchen Sie aber, anspruchsvolle Aufgaben in mehrere kleine Schritte zu zerlegen. Dann kann Ihr Kind schnelle, aber keine billigen Erfolge erzielen. Zeigen Sie ihm, wie es negative Selbstgespräche (»Das schaff' ich nicht!«) durch ermutigende ersetzen kann (»Ich probier' es einfach noch mal«). Und unterstützen Sie Ihr Kind durch Lob: »Toll, dass du es versuchst.«

(2) Versuchen Sie immer wieder, das Selbstvertrauen Ihres Kindes zu stärken. Finden Sie heraus, wofür es sich interessiert, und knüpfen Sie daran an. Vielleicht können seine Erzieherinnen im Kindergarten oder seine Lehrer etwas über die Vorlieben und Talente Ihres Kindes sagen.

Um das Selbstbild Ihres Kindes zu stärken, müssen Sie zunächst selbst von den Qualitäten Ihres Kindes überzeugt sein. Allerdings dürfen Sie dabei nicht von Ihrem eigenen Wunschbild ausgehen und versuchen, Ihr Kind dementsprechend zu verändern. Die Feststellung, nicht den Idealvorstellungen seiner Eltern zu entsprechen, würde das Selbstbild Ihres Kindes nur noch mehr schwächen!

Achten Sie Ihr Kind so, wie es ist. Ermutigen Sie es immer wieder. Gerade entmutigte Kinder brauchen dies. Im Kapitel 4 ab Seite 72 finden Sie praktische Anregungen dazu.

Überlegen Sie mal: Welche Stärken hat Ihr Kind?

Was tut es besonders gerne? Was kann es besonders gut?

. . . .

Wie gehen Sie auf diese Eigenschaften ein? Wann, glauben Sie, fühlt sich Ihr Kind ermutigt? Und wodurch?

. . . .

Wo sieht Ihr Partner, wo sehen andere die Stärken Ihres Kindes?

. . . .

Bei welchen Aufgaben fühlt sich Ihr Kind überfordert?

. . . .

Könnten die Aufgaben in kleinere Schritte unterteilt werden?

. . . .

Statt Tobias die Schuhe zu binden, setzt Frau Lorenz sich mit einem anderen Schuh neben ihn. Dann zeigt sie ihm die notwendigen Handgriffe. Sie stellt jeden Fortschritt ermutigend heraus: »Siehst du, heute hast du den Knoten schon ganz alleine gemacht. Toll!«

Das Wichtigste im Überblick

- Willkürliche Strafen verfehlen häufig ihr Ziel, weil sie die Motive für das »störende« Verhalten von Kindern nicht berücksichtigen und sie in dem Glauben bestärken, dass sie von den Eltern keine positive Zuwendung erwarten können.
- Um das »störende« Verhalten des Kindes abzustellen, müssen Eltern die versteckten Botschaften dahinter erkennen.
- Kinder können aus Konflikten nicht aussteigen. Das ist die Aufgabe der Eltern. Hier hilft die »IRIS-Strategie«.
- Mit der »IRIS-Strategie« können Eltern aus den Konflikten aussteigen: Innehalten, respektieren, ignorieren, selbst handeln.

Exkurs: Atempause – Ich gönne mir Zeit

Vergessen Sie mal für einen Augenblick Ihr Kind. Wie geht es Ihnen eigentlich selbst? Finden Sie im Alltag genügend Zeit, sich etwas Gutes zu tun? Ausreichend zu schlafen, sich Ihrem Partner zu widmen, spazieren zu gehen, Hobbys zu pflegen? Wenn Sie ein Auto wären: Wo stünde Ihre Tankanzeige gerade? Voll, halb voll oder schon auf Reserve? Wie weit ist Ihre nächste »Tankstelle« noch entfernt?

Wir möchten Sie ermutigen, nicht nur auf Ihr Kind, sondern auch gut auf sich selbst zu achten. Denn manche Reibereien im Erziehungsalltag entspringen nicht allein dem »störenden Verhalten« unserer Sprösslinge, sondern auch der Anspannung und Überforderung, unter der wir selbst stehen. Sie strapaziert unseren Geduldsfaden, verhindert, dass wir überlegt und angemessen reagieren, und lässt uns stattdessen schneller »überkochen«.

Tun Sie sich also öfter mal was Gutes.

- Achten Sie in nächster Zeit einmal verstärkt auf Ihre Stimmlage und auf Ihre Körpersprache. Wo spüren Sie Anspannung, Stress, übermäßige Belastung? Versuchen Sie gerade in solchen Momenten, sich anders als gewohnt zu verhalten.
- Nehmen Sie sich Auszeiten, in denen Sie von den Kindern besondere Ruhe und Rücksicht erwarten. Gönnen Sie sich beispielsweise mittags eine halbe Stunde Ruhe oder spannen Sie Ihren Partner oder einen Babysitter ein, um sich hin und wieder »kinderfreie« Zeiten zu verschaffen.
- Hören Sie Ihre Lieblingsmusik.
- Richten Sie sich einen aufgeräumten, schönen Bereich her, wo Sie sich richtig wohlfühlen und der für die Kinder tabu ist.
- Planen Sie gezielt freie Zeiten und Aktivitäten mit Ihrem Partner und mit Freunden.

Überprüfen Sie auch einmal Ihre Ansprüche an sich selbst in Sachen Erziehung. Nobody is perfect! Auch Sie müssen es nicht sein. Das gilt auch für die Umsetzung der Vorschläge von »*Kess erziehen*«. Lassen Sie sich Zeit und gehen Sie einen Schritt nach dem anderen!
Überlegen Sie, welcher Vorschlag für Sie besonders nützlich sein könnte, und konzentrieren Sie sich zunächst darauf. Ein kleiner Schritt kann schon viel bewegen, das Miteinander verändern und das »Beziehungskonto« zwischen Ihnen und dem Kind auffüllen. Auf diesem Konto verbucht Ihr Kind gewissermaßen seine Erfahrungen mit Ihnen. Jedes Mal, wenn es seine sozialen Grundbedürfnissen erfüllt sieht, wirkt das wie eine Einzahlung auf der Habenseite. Ihr Guthaben auf dem Beziehungskonto steigt also. Fühlt sich Ihr Kind dagegen in seinen sozialen Grundbedürfnissen bedroht oder verletzt, dann führt dieses Erlebnis zu einer Abbuchung, und Ihr Guthaben schmilzt.
Je größer das Plus ist, desto stabiler ist die Beziehung und umso leichter verkraftet Ihr Kind ab und zu eine Abbuchung. Dann kann es auch ein »Nein« leichter hinnehmen und schneller akzeptieren. Und seien Sie getrost, wann immer Sie auf dieses Konto »einzahlen«, zum Beispiel in Form von »Edelsteinmomenten« – es bringt Zinsen!

- Beglückwünschen Sie sich auch für kleinste Wahrnehmungs- oder Verhaltensänderungen.
- Nehmen Sie Situationen, in denen Sie in »alte Muster« verfallen, mit Humor. Sie bringen Ihr Beziehungskonto nicht gleich ins Minus. Und sehen Sie's mal aus der umgekehrten Perspektive: Rückschritte unterlaufen Ihnen nur, wenn Sie vorher Fortschritte gemacht haben!

4

Ich mache mich und mein Kind stark

Wie Eltern ihren Kindern Mut machen und ihr Selbstvertrauen aufbauen.

Ein Kind braucht Ermutigung wie
eine Pflanze das Wasser.
Rudolf Dreikurs

Wir Menschen brauchen Mut, damit wir uns etwas zutrauen, neue Schritte wagen und uns selbstsicher ins Leben stürzen. Von Anfang an brauchen wir diesen Mut: für die ersten Schritte, den ersten Ver-

such, ohne elterliche Hilfe Fahrrad zu fahren, die ersten Tage im Kindergarten oder in der Schule, den Einstieg ins Berufsleben, für den Mut zur Partnerschaft und zum Kind.

Das Elternsein fordert uns weitere Mutproben ab: den Mut loszulassen und dem Kind etwas zuzutrauen, es alleine gehen, klettern und die Treppe steigen zu lassen; aber auch den Mut, nein zu sagen, uns unbeliebt zu machen, dem Gerede anderer zu widerstehen; den Mut zu Kompromissen und den Mut, die eigenen Bedürfnisse weiterhin zu achten …

Überlegen Sie mal: Wozu brauchen Sie Mut?

In welchen Situationen Ihrer Kindheit mussten Sie besonders viel Mut aufbringen?

. . . .

Wie haben Sie sich damals gefühlt?

. . . .

Was hat Ihnen geholfen?

. . . .

Was hat Sie eher behindert?

. . . .

Und wann mussten Sie als Erwachsener Mut aufbringen? Wann als Mutter oder Vater?

. . . .

In welchen Situationen würden Sie gerne im Umgang mit Ihrem Kind mehr Mut haben?

. . . .

Wie würden Sie sich gerne verhalten?

. . . .

Was hätte Ihr Kind davon? Was hätten Sie davon?

. . . .

Es stimmt: Elternmut tut Kindern gut! Durch das Zutrauen und die Ermutigung der Eltern entwickeln Kinder Selbstvertrauen und Mut fürs Leben.

Ihren Ausdruck findet Ermutigung

- in einem respektvollen, ehrlich-offenen Umgang miteinander,
- in gegenseitiger Anerkennung und Wertschätzung,
- in einer elterlichen Grundhaltung, die von Zutrauen geprägt ist,
- die den Kindern aber auch »Fehler« gestattet.

Um ihre Kinder wirksam ermutigen zu können, brauchen Eltern auch Stolz auf die eigenen Stärken und Nachsicht mit den eigenen Schwächen.

Erziehungsexperten beobachten immer wieder, dass Mütter und Väter nichts bei ihren Kindern so unnachsichtig wie die eigenen Fehler bekämpfen. Deshalb ist es gut, wenn Sie Ihre Schwächen erkennen und akzeptieren können und keine Perfektion von sich selbst erwarten. Dadurch sind Sie am besten davor geschützt, auch von Ihrem Kind zu viel zu verlangen – und es damit zu entmutigen.

Überlegen Sie mal: Wie gut sind Sie als Mutter oder Vater?

Welche mütterlichen oder väterlichen Eigenschaften schätzen Sie an sich besonders?

. . . .

Was würden Sie gerne (noch) besser machen oder können?

. . . .

Fragen Sie mal Ihre Partnerin oder Ihren Partner: Wie beurteilt sie oder er Ihre Fähigkeiten als Mutter oder Vater?

. . . .

In Gesprächen untereinander stellen Eltern oft verblüfft fest: Was sie sich selbst als »Fehler« ankreiden, passiert anderen Müttern und Vätern genauso. Und was sie als selbstverständlich oder als »nichts Besonderes« abtun, empfinden andere womöglich als »tolle Lösung«, die sie selbst auch einmal ausprobieren möchten. Vielleicht beruhen ja viele vermeintliche »Fehler«, die Eltern sich selbst ankreiden, weniger auf persönlichen Schwächen als auf Überforderungen oder anderen »äußeren« Umständen.

In jedem Fall dürfen Sie froh und dankbar sein für Ihre positiven Eigenschaften als Mutter oder Vater. Sie können Ihrem Kind viel damit geben. Und auch Ihre »Schwächen« gehören zu Ihnen und machen Sie als Person wertvoll und liebenswert.

Kinder brauchen keine perfekten Eltern – im Gegenteil: Sie können am Beispiel ihrer Eltern lernen, wie sie mit Schwächen umgehen und leben können.

Menschen, die sich mehr über ihre Schwächen ärgern als über ihre Stärken freuen, »verdanken« dies meist ihrer eigenen Erziehung, in der die negativen Aspekte betont werden.

Überlegen Sie mal: Was hat Sie ermutigt oder entmutigt?

Erinnern Sie sich an Situationen in Ihrer Kindheit, in denen Sie sich von anderen ermutigt fühlten? Vielleicht bei schwierigen Aufgaben? Bei Problemen mit anderen Kindern oder Erwachsenen?

. . . .

Gab es einen bestimmten Satz, eine Geste, die Sie als besonders ermutigend empfanden?

. . . .

Erinnern Sie sich an Situationen, in denen Sie eine Aufmunterung gebraucht hätten?

. . . .

Kommen Ihnen spontan entmutigende Sätze oder Botschaften in den Sinn, die Sie als Kind öfter gehört haben?

. . . .

Viele kennen solche immer wieder geäußerten, entmutigenden Sätze wie »Auf dich kann man sich aber auch nicht verlassen!«, »Das schaffst du sowieso nicht«, »Dafür hast du halt kein Talent« oder »Schon wieder, du Nervensäge!«. Egal wie diese Sätze lauten – sie verankern sich schnell in unserem Innern und wirken lange nach, bis ins Erwachsenenalter hinein. Oft kann ein solcher Satz ein Kind für sein ganzes Leben prägen. Wir betrachten uns selbst dann sehr kritisch oder haben große Scheu, unsere positiven Seiten zu benennen, weil wir uns nicht selbst loben wollen. Ermutigung ist dann umso wichtiger – lebenswichtig! Das gilt für Kinder ebenso wie für Erwachsene. Daher ist es wichtig, unsere Aufmerksamkeit ganz bewusst auf unsere Stärken und unsere positiven Eigenschaften zu lenken – und auf das, was uns ermutigt.

Überlegen Sie mal: Was ermutigt Sie heute?

Wo liegen Ihre Stärken?

. . . .

Wann fühlen Sie sich ermutigt? Gibt es bestimmte Situationen?

. . . .

Gibt es bestimmte Personen, durch die Sie sich ermutigt fühlen? Wodurch?

. . . .

Gibt es einen bestimmten Satz, der Sie ermutigt?

. . . .

Welche Stärken schätzen Sie an sich?

. . . .

Wie Sie Ihr Kind ermutigen

Mut macht Kindern jedes Wort, jede Handlung und jedes Signal der Aufmerksamkeit und Zuwendung, die sie in ihren sozialen Grundbedürfnissen ansprechen – nämlich dazu zu gehören, wichtig und kompetent zu sein und sich geborgen fühlen zu können. Ermutigen können Eltern ihre Kinder, indem sie

- ihnen »Edelsteinmomente« schenken (Seite 25 ff),
- bemerken, wie sie Fortschritte machen oder sich an neue Aufgaben herantrauen,
- an ihre Fähigkeiten und Stärken glauben und ihnen zutrauen, mit Aufgaben und Schwierigkeiten alleine fertig zu werden.

Besonders wichtig ist Ermutigung für Kinder, wenn sie einen Fehler gemacht haben oder mit einer Aufgabe nicht voran kommen.

Frau Seibold steht unter Stress. Sie ist kurz im Geschäft um die Ecke einkaufen, da fällt Peter (6) ein, er könnte ein Bild mit Wasserfarbe malen. Er holt sich Blätter, einen Malkasten und Wasser und beginnt mit seinem Werk auf dem »guten« Esstisch. Das Wasser ist schon tiefbraun, als ihm der Becher umkippt und sich Zeitungen und die Tischdecke mit dem Wasser vollsaugen. Als Frau Seibold kurz darauf wieder heimkommt, sieht sie die Bescherung.

Der erste Impuls von Frau Seibold ist verständlicherweise Ärger. Wo Kinder »Mist gebaut« haben, fällt es zunächst schwer, Kritik zu unterdrücken oder gar den Nachwuchs zu ermutigen. Aber es lohnt sich, genau hinzuschauen. Womöglich entdecken Eltern dann sogar im Misserfolg noch ganz besondere Qualitäten ihres Kindes.

»Oh, das sieht hier ja aus!«, sagt Frau Seibold. »Aber das kann schon mal passieren. Ich find's eine prima Idee von dir zu malen. Und klasse, dass du dir die Sachen selbst geholt hast. Aber bitte bleib beim nächsten Mal an deinem Spieltisch. Und hol dir bitte jetzt einen Lappen aus der Spüle. Komm',

ich helfe dir beim Saubermachen!« Frau Seibold räumt die Zeitungen und die Decke weg, während Peter mit einem Lappen das Wasser aufwischt.

Mut-mach-Sätze

Mut machen Eltern ihren Kindern durch

- **»Du kannst es!«-Sätze**
  - \+ Das scheint sehr schwierig/beängstigend zu sein. Aber ich bin sicher, du findest eine Lösung dafür.
  - \+ Du schaffst das, bestimmt. Wenn du Unterstützung brauchst, weißt du ja, wo du mich findest.
  - \+ Schau mal, wie weit du schon gekommen bist!
- **»Du hilfst mir!«-Sätze**
  - \+ Mit deiner Hilfe geht das Einkaufen viel leichter und schneller.
  - \+ Du hast immer so gute Ideen. Hast du Lust, mir bei der Gestaltung der Einladungskarte zu helfen?
  - \+ Deine gute Laune ist richtig ansteckend. Das tut mir gerade heute gut.
- **»Du kommst voran!«-Sätze**
  - \+ Du machst dir so viel Mühe mit dieser Arbeit. Das wird bestimmt gut aussehen.
  - \+ Diese Rechnungen fallen dir immer leichter.
  - \+ Toll, dass du es immer wieder versuchst. Bald hast du es.
- **»Ich mag dich wie du bist!«-Sätze**
  - \+ Du hast dich sehr dafür eingesetzt. Mehr kannst du nicht tun.
  - \+ Ich finde es gut, dass du es versucht hast.
  - \+ Ich verstehe, dass du nicht besonders gern zur Schule gehst.

Eine Gefahr ist, gut gemeinte Sätze, die Kinder aufmuntern, mit (Zu-)Sätzen zu versehen, die von Ungeduld diktiert sind. Damit erreichen Sie genau das Gegenteil.

- **»Reiß dich zusammen!«-Sätze**
  - \- Du kannst es schaffen, also hör auf zu jammern!
  - \- Ich vertraue dir, also enttäusche mich nicht.

- Das hast du gut gemacht, aber das hier könnte noch besser sein.
- Du hast viel daran gearbeitet. Ich wünschte, du würdest das öfter tun!

Derartige »Aber-Sätze« stellen das lobenswerte Verhalten eher als Ausnahme und Enttäuschung dar statt als Normalfall. Damit erreichen Sie Entmutigung statt Ermutigung.

Exkurs: Ermutigen heißt genau hinschauen

»Haben Sie Ihr Kind heute schon gelobt?« stand früher auf vielen Autoaufklebern. Loben galt in der 1970-er Jahren als das wichtigste Mittel in der Erziehung.

Das ist heute anders, und zwar aus zwei Gründen:

- Die Aufforderung »Loben, loben, loben!« könnte Eltern dazu verleiten, ihr Kind für alles und jedes zu loben – selbst wenn sie von dem, worum es geht, gar nicht überzeugt sind. Viele Kinder spüren diese Halbherzigkeit, wodurch das Lob wertlos wird. Andere nehmen es für bare Münze und entwickeln dann womöglich eine unrealistische Selbsteinschätzung.
- Lob, das nur nach einer erbrachten Leistung eingesetzt wird, macht Kinder abhängig. Die Erwachsenen »bezahlen« deren Bemühungen mit Lob und »kaufen« dafür das Wohlverhalten ihrer Kinder. Diese fühlen sich ihrer Leistung wegen geschätzt, aber nicht als Person angenommen. Außerdem müssen sie befürchten, diese Wertschätzung bei einem Versagen einzubüßen.

Beim Lob ist das von den Eltern bewertete Ergebnis der Maßstab. Außerdem hängt ein solches Lob vor allem davon ab, was ein Kind können sollte, ob es also von außen gesetzte Normen erfüllt. Ermutigung dagegen würdigt die vom Kind aufgewendete Mühe sowie die Stärken des Kindes und seine Entwicklung. Ein anschauliches Beispiel bieten Ihre Gedanken während eines Wettrennens, an dem Ihr Kind teilnimmt. Während des Rennens denken Sie vielleicht: »Klasse, ein kraftvoller Start! Er läuft viel schneller als das letzte Mal! Wie ergeizig er kämpft! Noch 50 Meter, du schaffst es!« Das ist Ermutigung. Nach dem Rennen sagen Sie: »Siebter von 26, prima!« Das ist Lob.

Überlegen Sie mal: Wie können Sie Ihr Kind ermutigen?

Welche Eigenschaften schätzen Sie an Ihrem Kind?

. . . .

Welche »Schwächen« Ihres Kindes machen Ihnen Kopfzerbrechen?

. . . .

Welche positiven Seiten haben seine »Schwächen« möglicherweise?

. . . .

Kenn Sie diese »Schwächen« von sich selbst?

. . . .

Bedenken Sie: Jede Medaille hat zwei Seiten! Schauen Sie auch auf die positive. Zum Beispiel ist Schüchternheit eine »Schwäche« von Kindern, an der viele Eltern sich reiben. Nun bringt es überhaupt nichts, wenn Eltern ihren Kindern eine solche Eigenschaft abtrainieren möchten. Die Aufforderung »Sei doch nicht so schüchtern« bewirkt höchstens, dass Kinder sich ihres eigenen »Makels«, ihrer vermeintlichen Unzulänglichkeit noch bewusster werden – und sich deshalb erst recht schüchtern verhalten. Besser ist es, wenn Eltern auch die positiven Seiten der Schüchternheit wahrnehmen. Die »eingebaute Zurückhaltung« schützt Kinder immerhin davor, sich vorschnell auf alle möglichen Abenteuer einzulassen. Und leben lässt sich damit allemal. Schließlich leiden auch viele Erwachsene an Schüchternheit. Sie haben zwar Schwierigkeiten, Kontakte zu anderen aufzunehmen, und werden nervös, wenn sie in der Öffentlichkeit alle Blicke auf sich gerichtet glauben. Die meisten dieser Erwachsenen haben aber gelernt, ihr Leben so einzurichten, dass sie mit ihrer Schüchternheit gut umgehen und leben können. Sie setzen auf ihnen Vertrautes und entfalten dort ihre Stärken.

Eltern dürfen also darauf vertrauen, dass auch die (vermeintlichen) Schwächen ihrer Kinder ihre guten, liebenswerten Seiten haben – und außerdem gehören sie ja zur Persönlichkeit ihrer Kinder. Möglicherweise bleiben sie eine Lebensaufgabe für die Kinder, an der sie aber auch reifen können. Sie werden lernen, damit zu leben – genau wie die Eltern mit den ihrigen.

Die Ermutigungsdusche

Eine spielerische, sehr wohltuende Möglichkeit, Kindern Mut zu machen, ist die Ermutigungsdusche. Das Prinzip ist ganz einfach:

Das Kind steht in der Mitte, die anderen stehen oder sitzen im Kreis um das Kind herum und sagen ihm der Reihe nach, »was ich besonders an dir mag, liebe, womit du mir Freude machst« – und ähnliches. Das Kind in der Mitte hört nur zu und bedankt sich nach jeder Ermutigung. Und wenn alle ihren »Schampus« verspritzt haben, erklärt es zum Abschluss, auf welche Eigenschaft es selbst besonders stolz ist.

Die Ermutigungsdusche eignet sich besonders gut für Kindergeburtstage und ähnliche Feste. Aber auch an Tagen, an denen Kinder (und Erwachsene!) eine Stärkung besonders nötig haben, zum Beispiel nach einem Misserfolg oder vor einer schwierigen Prüfung, wirkt die Ermutigungsdusche wie Balsam für die Seele.

Das Wichtigste im Überblick

- Kinder brauchen Ermutigung, damit sie ihre eigenen Stärken und besonderen Qualitäten schätzen lernen und Selbstwertgefühl entwickeln können.
- Ermutigung darf nicht von Erfolg abhängen. Besondere Ermutigung brauchen Kinder, wenn sie an sich zweifeln.
- Eltern müssen nicht perfekt sein. Umso weniger laufen sie Gefahr, auch von ihren Kindern Perfektion zu erwarten und sie damit zu überfordern.
- Ermutigung ist jedes Wort, jede Handlung und jedes Signal der Aufmerksamkeit und Zuwendung, die Kinder in ihren sozialen Grundbedürfnissen bestätigen: dazu zu gehören, wichtig und kompetent zu sein und sich geborgen zu fühlen.
- Auch die »Schwächen« von Kindern haben oft positive Seiten. Und sie können lernen, damit zu leben.

5

Ich mute meinem Kind etwas zu

Wie Eltern unverhältnismäßige Strafen durch natürliche und logische Folgen vermeiden können, und warum Eltern ihren Kindern deren Probleme nicht unnötig abnehmen sollen.

Wir können unsere Kinder vor
dem Leben nicht beschützen.
Rudolf Dreikurs

»Strafe muss sein.« Bestimmt kennen Sie diesen Spruch aus Ihrer eigenen Kindheit. Verhalten von Kindern, das für die Erwachsenen nicht akzeptabel war, wurde bestraft – mit »Liebesentzug«, Stuben-

arrest, Fernsehverbot oder auch körperlich mit Schlägen. Eine »Tracht Prügel« oder eine »Ohrfeige« waren damals nichts Ungewöhnliches. Ein »Klaps hinten drauf« blieb noch lange ein anerkanntes Mittel, um Kindern unerwünschtes Verhalten auszutreiben.

Heute wollen die meisten Eltern anders erziehen und lehnen vor allem körperliche Strafen ab. Auch gesetzlich ist inzwischen eine gewaltfreie Erziehung gefordert. Und doch finden gerade in kniffligen Situationen viele Eltern trotzdem keine anderen Lösungen und greifen auf die Strafen zurück, die sie selbst erfahren haben – auch wenn sie dies hinterher bedauern.

Überlegen Sie mal: Wer nicht hören will, muss fühlen. Aber was?

Erinnern Sie sich an Situationen aus Ihrer Kindheit, in denen Sie (körperlich) bestraft wurden? Was war geschehen? Wie wurden Sie bestraft?

. . . .

Wer war für die Strafen in der Familie »zuständig«?

. . . .

Was haben Sie empfunden, wenn Sie bestraft wurden?

. . . .

Was haben Sie daraus »für das Leben« gelernt?

. . . .

Haben die Strafen Ihre Beziehung zu Ihrer Mutter oder Ihrem Vater beeinflusst?

. . . .

Vermutlich werden Sie feststellen, dass Sie eine Strafe umso mehr akzeptieren konnten, je mehr Sie diese nachvollziehen und einsehen konnten. Fühlten Sie sich zu Unrecht oder unverhältnismäßig hart bestraft oder wurden Sie gar geschlagen, dann können Sie sich an die Gründe für die Bestrafung wahrscheinlich kaum noch erinnern. Wohl aber an die Gefühle gegenüber Ihrer Mutter oder Ihrem Vater, die die Bestrafungsaktionen hinterließen.

Kinder fühlen sich in solchen Situationen verletzt, wollen es ihren Eltern heimzahlen, wollen abhauen, sich zurückziehen oder sich rächen. Aus Angst vor weiteren Strafen lügen sie beim nächsten Mal vielleicht, beschuldigen andere, passen sich um jeden Preis an und verzichten darauf, ihrer eigenen Überzeugung zu folgen. Manche Kinder identifizierten sich auch mit dem »Urteil« ihrer Eltern und halten sich selbst für ein »böses Kind«. Sie bezahlen für die Schläge mit einem geringen Selbstbewusstsein.

Um das alles zu vermeiden, ist es besser, wenn Eltern auf Strafen verzichten. Aber was können Sie tun, wenn Kinder sich »falsch« verhalten? Rudolf Dreikurs hat in seinem Konzept der »natürlichen Folgen« und der »logischen Folgen« beschrieben, wie Kinder aus den Reaktionen ihrer Eltern auf unerwünschtes Verhalten Positives für ihr Leben lernen können: Statt ihre Kinder willkürlich oder unverhältnismäßig zu bestrafen, sollen Eltern ihnen besser die Folgen ihrer Handlungen zumuten. Dann werden sie aus diesen Folgen lernen, denn: Der beste Lehrer ist das Leben.

Aus natürlichen Folgen lernen

Mareike (2) ist auf einen Stuhl geklettert und erforscht den Schreibtisch ihrer Mutter. Besonders fasziniert ist sie von einem grünen Holzfrosch, in dessen Maul einige Papiere klemmen. Als Mareike ihn untersucht, verliert er die Blätter aus dem Maul. Dann plötzlich gerät sie mit dem Finger zwischen seine »Kiefer« und lässt ihn erschrocken fallen: »Frosch beißt!« Danach rührt sie ihn nicht mehr an.

Was passiert, wenn ein Kind zu schnell läuft? Es fällt hin und tut sich weh. Genauso eine natürliche Folge erlebt Mareike: Sie hantiert mit einem Gerät, dessen Mechanik sie nicht durchschaut, und klemmt sich ihre Finger ein. Oder ein Schulkind, das sein Pausenbrot zu Hause liegen lässt: In der Schule wird es Hunger bekommen. Die Folgen ergeben sich unmittelbar aus den Handlungen oder Versäumnissen des Kindes. Niemand muss eingreifen, schimpfen, es kritisieren oder beschuldigen. Das Kind lernt schlicht und einfach aus den Folgen seines Handelns (oder seiner Vergesslichkeit): Wenn ich zu schnell laufe, falle ich hin. Den Frosch auf Mamas Schreibtisch lasse ich besser in Ruhe. Wenn ich mein Pausenbrot vergesse, bekomme ich Hunger. Das muss dem Kind kein Erwachsener erklären. Ganz im Gegenteil würde jede besserwisserische Erklärung nur dazu führen, dass das Kind von der »Lehre« aus seinem Erlebnis abgelenkt wird und sich Gefühle in den Vordergrund drängen wie: »Blöder Papa. Warum lässt er mich das nicht einfach mal machen?« oder »Blöde Mama! Warum sagt sie mir nicht, dass der Frosch beißt?« Nachträgliche Erklärungen von Erwachsenen bewirken nur, dass das Kind sich »klein« fühlt. Dagegen stärkt es das eigene Lernen in seinem Selbstbewusstsein und Verantwortungsgefühl.

Überlegen Sie mal: Wie natürliche Folgen wirken

Bei welchen Gelegenheiten haben Sie selbst als Kind oder als Erwachsener natürliche Folgen erlebt?

. . . .

Wie haben Ihre Eltern sich damals verhalten?

. . . .

Welche Konsequenzen haben Sie aus Ihren Erlebnissen gezogen?

. . . .

Bei welchen Gelegenheiten hat Ihr Kind bereits natürliche Folgen erlebt?

. . . .

Wie haben Sie sich dabei verhalten?

. . . .

Gibt es eine Situation, in der Sie Ihr Kind bisher vor den natürlichen Folgen seines Handelns bewahrt haben, die Sie ihm nun aber zumuten möchten? Welche Situation ist das?

. . . .

Wie möchten Sie sich zukünftig verhalten? Was wollen Sie unterlassen, was tun, was sagen?

. . . .

Damit die natürlichen Folgen wirken, müssen Eltern sich an einige Regeln halten:

- Bewahren Sie Ihr Kind nicht vor den Folgen seiner Handlungen und Unterlassungen. Wenn das Schulbrot zu Hause immer wieder liegen bleibt, dürfen Sie es Ihrem Kind also nicht nachtragen.
- Erinnern Sie Ihr Kind nicht wiederholt an seine Aufgaben. Sie würden damit nur die natürlichen Folgen verhindern. Außerdem würden Sie die Verantwortlichkeit Ihres Kindes für sein Tun verwischen, weil Sie wieder selbst die Verantwortung übernehmen würden.
- Kommentieren Sie die Folgen nicht, wenn sie tatsächlich eingetreten sind. Zum einen empfinden Kinder Sätze wie »Siehst du, was passiert, wenn du mit meinen Sachen spielst!« oder »Hoffentlich wird dir das eine Lehre sein!« schnell als eine Form von Strafe. Zum anderen betonen sie den Beziehungsaspekt anstelle der sachlichen Notwendigkeiten. Ihr Kind soll und muss lernen, das Notwendige zu tun und das Falsche zu lassen – aber eigenständig und nicht nur, weil Sie es verlangen.
- Akzeptieren Sie aber auch, wenn die erwartete oder erhoffte natürliche Folge nicht eintritt – wenn zum Beispiel Ihr Kind, das zu spät zur Schulbus-Haltestelle aufbricht, vom Nachbarn im Auto mitgenommen wird und so doch noch pünktlich in die Schule kommt. Die Wirkung von natürlichen Folgen beruht gerade darauf, dass Sie sich nicht einmischen!

Das Konzept der natürlichen Folgen hat allerdings seine Grenzen. Oft dürfen Eltern die natürlichen Folgen von Handlungen oder Unterlassungen ihres Kindes, vor allem eines kleinen, nämlich auf keinen Fall in Kauf nehmen.

Der 1 1/2-jährige Sven sitzt mit seinen Eltern beim Essen. Nach ein paar Bissen richtet er sich in seinem Hochstuhl auf und beginnt schwungvoll herumzuturnen.

Wenn die Eltern Sven gewähren lassen, könnte er aus dem Hochstuhl stürzen und sich gefährliche Verletzungen zuziehen. Diese natürlichen Folgen, die Sven selbst nicht überschaut, dürfen sie natürlich nicht eintreten lassen. Das gilt genauso, wenn Kinder durch ihre Aktivitäten die Rechte anderer verletzen, zum Beispiel, indem sie durch lautes Geschrei beim Spielen die Mittagsruhe anderer stören. Auch sind natürliche Folgen das falsche Erziehungskonzept, wenn sie zu spät eintreten würden und Kinder den Zusammenhang zwischen ihrem Verhalten und der Konsequenz nicht mehr herstellen könnten. So dauert es zum Beispiel zu lange, bis kleine Zahnputzmuffel die Folgen ihrer mangelhaften Zahnpflege ausbaden müssten. In solchen Fällen sind »logische Folgen« das geeignete Konzept.

Aus logischen Folgen lernen

Wie logische Folgen funktionieren, kann am Beispiel von Sven und seiner Turnerei im Hochstuhl gezeigt werden: Seine Eltern fühlen sich dadurch beim Essen gestört. Da sie die natürlichen Folgen nicht riskieren können, müssen sie ständig auf ihn aufpassen. In Ruhe weiter essen könnten sie erst, wenn Sven seine Übungen einstellt. Also erklärt seine Mutter ihm:

»Sven, wir möchten in Ruhe essen. Was meinst du, wie wir das am besten machen?«

Sie ignoriert also Svens Fehlverhalten in der Hoffnung, dass sie ihm damit das Einlenken erleichtert.

Doch Sven macht weiter Faxen. Deshalb zeigt seine Mutter ihm die möglichen Folgen auf und stellt ihn vor die Wahl: »Wenn du weiter auf dem Stuhl turnst, kann ich nicht in Ruhe essen. Ich habe Sorge, dass du fällst und dir weh tust. Du kannst also sitzen bleiben und weiter mit uns essen, oder du musst aus dem Stuhl raus. Dann ist das Mittagessen für dich beendet.« Und als Sven nicht aufhört zu turnen: »Also schön, du möchtest wohl nicht weiter essen.« Sie nimmt ihn aus dem Hochstuhl, räumt seinen Teller weg und erklärt: »Papa und ich möchten jetzt in Ruhe weiter essen. Du kannst solange etwas spielen – mit den Klötzen oder Autos dort, wie du möchtest.«

Ein anderes Beispiel:
Laura (5) schaut gespannt fern. Dabei sitzt sie nur einen Meter vom Bildschirm entfernt. Ihr Vater hat Sorge, dass diese Nähe ihren Augen schadet, und erklärt ihr deshalb: »Laura, du guckst so gespannt fern. Es ist aber nicht gut für deine Augen, wenn du so nah vor dem Bildschirm hockst. Was kannst du tun?« Und als Laura die Frage nicht beachtet: »Setz' dich

bitte in den Sessel oder davor auf den Boden, wenn du weiter fernsehen möchtest. Wenn du hier vorne sitzen bleibst, muss ich den Fernseher ausschalten. Du hast die Wahl.« Als Laura immer noch nicht reagiert, macht ihr Vater seine Ankündigung wahr: »Gut. Du hast dich gegen das Fernsehen entschieden. Ich schalte den Fernseher jetzt aus. Sobald du dich weiter wegsetzt, kannst du wieder schauen.«

Die beiden Beispiele demonstrieren einige wichtige Regeln für den Umgang mit logischen Folgen:

- Logische Folgen haben einen direkten Bezug zum vorausgegangenen Verhalten des Kindes. Der Fernseher wird ausgeschaltet, weil Laura zu nahe davor sitzt. Jakob muss auf den Arm, weil er sich mit seinem Herumlaufen selbst gefährden würde. Elke muss den Kakao, den sie verschüttet hat, wieder aufwischen. Weil Anton Marias Förmchen versteckt hat, muss er ihr einstweilen seine eigenen überlassen.
- Die Eltern erklären den Kindern vorher, was auf sie zukommt, und überlassen ihnen dann die Entscheidung.
  Manchmal bleibt dazu allerdings keine Zeit. Wenn zum Beispiel die 5-jährige Bea im Streit mit einem Spielgefährten ihr Springseil als »Peitsche« missbraucht, dürfen die Eltern nicht riskieren, dass ihr Kind sich »falsch« entscheidet und damit »höhere Güter«, insbesondere die Gesundheit eines anderen, gefährdet. In solchen Fällen müssen Eltern erst die logischen Konsequenzen ziehen (Bea das Springseil wegnehmen) und damit die unmittelbare Gefahr beseitigen. Danach müssen sie erklären, warum sie das gemacht haben.
- Die Konsequenzen müssen verhältnismäßig sein und dem Alter des Kindes entsprechen. Wenn Sandra (5) mit einem Nagel das Auto der Nachbarin zerkratzt hat, macht es zum Beispiel wenig Sinn, die Reparaturkosten aus ihrem Sparbuch zu begleichen. Das würde Sandra praktisch kaum spüren. Auch eine mehrjährige Taschengeldsperre zum Abstottern des Schadens wäre zwar

logisch. Allerdings müsste dann die »gereifte« Siebenjährige für die »dumme« Fünfjährige büßen. Sinn machen würde zum Beispiel eine andere Konsequenz: Für eine begrenzte Zeit darf Sandra nur noch auf die Straße raus, wenn ein Elternteil mitgeht. Die »Verhältnismäßigkeit« von logischen Folgen können Eltern oft dadurch wahren, dass sie sie zeitlich begrenzen – je nach Alter des Kindes für ein paar Minuten, eine Stunde oder auch mehrere Tage. Die Schaufel, die ein 4-Jähriger im Sandkasten als »Waffe« missbraucht hat und die sie ihm deshalb wegnehmen mussten, könnten Eltern ihm zum Beispiel nach einigen Minuten gewissermaßen »auf Bewährung« zurückgeben. Sie geben ihm damit die Chance, aus seinen Erfahrungen zu lernen und sich künftig anders zu verhalten. Wenn der Junge aber erneut andere Kinder damit schlägt, tritt die logische Konsequenz wieder ein – diesmal für eine längere Zeit.

- Ganz wichtig ist auch die »Tonart«, die Eltern beim Erläutern von logischen Folgen anschlagen. Sie sollte freundlich und respektvoll sein. Das bedeutet, die Eltern reden ruhig und erklären ihr Handeln, sie suchen Verständnis statt zu drohen (»Wenn du das jetzt nicht tust, dann ...«).
- Die logischen Folgen werden entschlossen handelnd und konsequent eingesetzt, mit respektvollen, freundlichen Worten, die die Entscheidungen der Kinder akzeptieren und das elterliche Handeln erklären. So verhindern die Eltern, dass die Logik der Konsequenzen von Gefühlen überlagert und von den Kindern als »Strafe« missverstanden wird.

Tatsächlich besteht der Sinn von logischen Konsequenzen nicht darin, Kinder für ihre »Missetaten« büßen zu lassen. Vielmehr sollen die Kinder dadurch die Realitäten des gesellschaftlichen Lebens kennen lernen, ihre Grenzen im Umgang mit anderen erleben und lernen, Verantwortung für ihr eigenes Handeln zu übernehmen. Anders als bei einem immer gleichen Strafenkatalog, bei Belohnungen, Versprechen oder Drohungen, bauen natürliche und logische Konsequenzen auf die Einsichtsfähigkeit von Kindern und auf ihre Kraft, die Folgen ihres Handelns selbst zu tragen oder – soweit das zu verantworten ist – zu ertragen und daraus für die Zukunft zu lernen.

Auf eine kurze Formel gebracht: Logische Folgen müssen den »Kriterien der vier V's« standhalten:

- Sie stehen in enger **V**erbindung mit der Handlung.
- Sie lassen Kindern die **V**erantwortung für ihr Tun.
- Sie bleiben **v**erhältnismäßig (= vernünftig).
- Sie werden den Kindern mit **v**ollem Respekt aufgezeigt.

Überlegen Sie mal: Wo und wie könnten Sie logische Folgen einsetzen?

Für welche schwierige Situation wollen Sie sich eine logische Folge überlegen?

. . . .

Wie könnte diese aussehen? Entwickeln Sie anhand der »vier V's« eine logische Folge.

. . . .

Mit welchen Worten könnten Sie Ihrem Kind diese logische Folge erklären?

. . . .

Versuchen Sie ruhig einmal, Ihre Tonlage und Ihre Körpersprache vor einem Spiegel zu üben. Worauf wollen Sie achten? Wie wirken Sie auf sich selbst?

. . . .

Schwierig wird die Anwendung logischer Folgen immer dann, wenn Erwachsene schon in ständige Konflikte mit ihren Kindern verstrickt sind. Kinder, deren Verhalten stark von Machtkämpfen und Rachegefühlen geprägt ist, missverstehen negative (logische) Folgen sofort als Strafe. Außerdem nehmen sie diese Folgen oft lieber in Kauf, als auf ihre Selbstbehauptung zu verzichten. Eltern brauchen dann viel Geduld. Doch hilft es, wenn sie ihren Kindern immer wieder respektvoll den Zusammenhang zwischen ihrem Verhalten und den logischen Folgen deutlich machen. Auch können sie gezielt »Edelsteinmomente« (Seite 25 ff) einsetzen oder Strategien, wie die der Konfliktlösung (Seite 112 ff) oder den Familienrat (Seite 118 ff) einsetzen. Das alles trägt zu einer Verbesserung des Familienklimas und der Eltern-Kind-Beziehung bei.

Dein Problem oder mein Problem?

Indem Sie den natürlichen und logischen Folgen vertrauen, verwirklichen Sie einen wichtigen Grundsatz beim Erziehen: Sie lassen die Probleme da, wo sie hingehören. Sie gehen davon aus, dass Ihr Kind lernen muss, seine Probleme selbst zu lösen und selbst die Verantwortung für seine Angelegenheiten zu übernehmen. Und Sie trauen ihm zu, dass es das auch schafft.

Vielen Eltern fällt das allerdings schwer. Als »gute« Eltern möchten Sie das Beste für Ihr Kind und fühlen sich verantwortlich dafür, dass es glücklich ist. Deshalb neigen Sie vielleicht dazu, Ihrem Nachwuchs bei Schwierigkeiten unter die Arme zu greifen. Sollen Sie denn einfach zusehen, wie Ihr Kind Fehler macht oder unter den Fehlern anderer leidet, wie es ungerecht behandelt oder geärgert wird?

Karin (4) mag ihre Erzieherin im Kindergarten sehr gerne. Deshalb ist sie traurig darüber, dass sie im Stuhlkreis nie neben ihr sitzen darf, und beschwert sich bei ihrer Mutter darüber. Frau Lenzen tröstet Karin: »Ich spreche mal mit der Erzieherin darüber.« Mit Erfolg: Ein paar Tage später darf Karin tatsächlich neben der Erzieherin sitzen.

Dieser Erfolg könnte sich langfristig allerdings als fragwürdig erweisen. Dann nämlich, wenn Karin aus dieser Erfahrung (und weiteren) lernt: »Probleme löse ich am besten, indem ich andere für mich einspanne.« Insgeheim vermittelt Frau Lenzen ihrer Tochter sogar eine zutiefst entmutigende Botschaft: »Ich muss für dich einspringen, weil du selbst nicht in der Lage bist, deinem Anliegen bei der Erzieherin Gehör zu verschaffen.«

Besser versucht Frau Lenzen deshalb, die Verantwortung für die Lösung des Problems bei Karin zu lassen.

»Ich weiß, du magst Frau Weiser sehr und möchtest gerne auch einmal neben ihr sitzen. Was meinst du denn: Was könntest du tun, um das zu erreichen?«

Frau Lenzen signalisiert damit Verständnis für Karins Kummer und ihre Bereitschaft, mit ihr über Lösungsmöglichkeiten nachzudenken. Zugleich macht sie aber deutlich: »Das ist dein Problem, das musst du selbst lösen!« Und sie gibt Karin zu verstehen: »Ich traue dir zu, dass du das schaffst.« Damit macht sie ihrer Tochter Mut, nach Lösungen zu suchen und selbst Erfahrungen zu sammeln. Im Erfolgsfall weiß Karin dann: »Das habe ich selbst geschafft!« Diese Erfahrung wird ihr Selbstvertrauen wachsen lassen.

Bevor Sie Ihrem Kind ein Problem abnehmen, überlegen Sie: »Wem ›gehört‹ dieses Problem eigentlich?« »Gehört« es Ihrem Kind, lassen Sie es selbst nach Lösungen suchen. Sonst könnten Sie Ihr Kind daran hindern, aus der Auseinandersetzung mit seinen eigenen Aufgaben zu lernen.

Besonders oft erliegen Eltern bei Streitereien von Geschwistern der Versuchung, sich in die Angelegenheiten der Kinder einzumischen.

Die Geschwister Paul und Anna streiten um den letzten Joghurt im Kühlschrank. Als ihre Mutter dazu kommt, wenden beide sich sofort an sie. Jeder schildert den Streit aus seiner Sicht, und beide erwarten von Frau Schmidt eine gerechte Lösung.

Wie auch immer Frau Schmidt sich entscheiden wird – ob sie nun Paul oder Anna den Joghurt zuspricht, ihn teilt oder wegräumt – sie muss damit rechnen, dass sich mindestens ein Kind nicht verstanden fühlt. Dann wäre nicht mehr der Streit der Geschwister das Problem, sondern die Entscheidung der Mutter. Dann hätte sie entweder mit Paul oder mit Anna oder vielleicht sogar mit beiden Ärger. Frau Schmidt entscheidet sich deshalb, das Problem bei den Kindern zu lassen:

»Das regelt mal selbst. Das traue ich euch schon zu, dass ihr eine Lösung findet, mit der ihr beide zufrieden seid.«

Es ist möglich, dass dabei keine »gerechte« Lösung herauskommt. Vielleicht hat Anna in dieser Woche erst einen Joghurt verputzt, Paul aber schon vier – und sichert sich jetzt auch noch einen Anteil an dem fünften. Es stimmt auch, dass Kinder noch wenig Erfahrung im Lösen von Konflikten haben, dass sie oft über das Ziel hinaus schießen und sich unfair verhalten. Andererseits geht es im Leben nun mal nicht immer gerecht zu. Auf dem Spielplatz, in der Schule und erst recht im späteren Erwachsenenleben können Kinder auch nicht immer Zuflucht bei Mutter oder Vater suchen, wenn es schwierig wird. Deshalb ist es gut, wenn sie frühzeitig eigene Erfahrungen mit der Bewältigung schwieriger Situationen gemacht haben und auch lernen, für sich selbst zu sorgen.

Wenn Sie als Mutter oder Vater in solchen Situationen also den Impuls spüren, einzugreifen und Ihrem Kind ein Problem abzunehmen, ziehen Sie sich lieber hinter eine Zeitung oder ins Badezimmer zurück oder machen Sie einen Spaziergang. Sie können Ihrem Kind aber sehr wohl Ihre Hilfe anbieten, wenn Sie (noch) nicht darauf vertrauen, dass es eine eigenständige Lösung findet. Auch wenn Sie erleben, dass beispielsweise Geschwisterverhandlungen stets auf Kosten des jüngeren Kindes geführt werden, können Sie Ihre Kinder liebevoll begleiten und sie im Finden eigener Lösungen unterstützen: »Am besten sagt jeder zuerst mal, was er gerne möchte. Und dann könnt ihr sehen, wie ihr zusammenkommen und eine faire Lösung finden könnt. Da fällt euch ganz bestimmt etwas ein.«

Überlegen Sie mal: Wem gehört das Problem?

Erinnern Sie sich an Situationen, in denen Sie Probleme für Ihr Kind gelöst haben?

. . . .

Hätte Ihr Kind dieses Problem vielleicht auch selbst lösen können?

. . . .

Welche Hilfen hätten Sie ihm dabei anbieten können?

. . . .

Wer ist in den folgenden Beispielen für die Lösung des Problems zuständig? Welche Hilfen würden Sie als Mutter oder Vater dem Kind anbieten, ohne ihm die Verantwortung abzunehmen?

- Klaus muss zur Schule gehen und findet seine Turnschuhe nicht.

  . . . .

- Im Kindergarten wird Petras selbst gebastelte Laterne zerrissen.

  . . . .

- Thorsten hat den Füller seines Vaters benutzt und beschädigt.

  . . . .

- Die Lehrerin beschwert sich, dass Melanie ihre Hausaufgaben nicht vollständig macht.

  . . . .

- Lars hat Markus angespuckt.

  . . . .

- Yvonne hat den Müll nicht in den Keller gebracht.

  . . . .

- Wenn Herr Schmitz zur Arbeit fährt, nimmt er Jens bis zur Schule mit. Doch immer wieder gibt es Reibereien, weil Jens endlos trödelt.

. . . .

Das Wichtigste im Überblick

- Statt immer gleich oder unverhältnismäßig zu strafen, vertrauen Eltern besser auf die Wirkung von natürlichen und logischen Folgen.
- Natürliche und logische Folgen bauen auf die Einsichtsfähigkeit von Kindern und auf ihre Kraft, die Folgen ihres Handelns selbst zu tragen und daraus zu lernen.
- Natürliche Folgen wirken am besten, wenn Eltern auf jeden Kommentar dazu verzichten.
- Logische Folgen müssen die »Vier V-Kriterien« erfüllen: Sie müssen in Verbindung mit der vorangegangenen Aktion der Kinder stehen, ihnen die Verantwortung für ihr Handeln überlassen, verhältnismäßig sein und ihnen mit vollem Respekt aufgezeigt werden.
- Eltern, die ihren Kindern unnötig Probleme abnehmen, hindern sie damit am Lernen.

Exkurs: Atempause – Ich gönne mir Abkühlung

Auseinandersetzungen mit Kindern provozieren oft heftige Gefühle: Ärger, Enttäuschung, Angst, Wut. Diese Gefühle sind berechtigt und wichtig, denn sie machen deutlich, was uns wesentlich ist. Auch steckt in ihnen die Kraft, die wir brauchen, um uns abzugrenzen und zu verteidigen. Sie zu unterdrücken, macht auch aus einem anderen Grund wenig Sinn: Früher oder später wird der Druck im Kessel so stark, dass er explodiert.

Andererseits machen diese starken Gefühle es uns schwer, unserem Gegenüber offen zu begegnen und eine dauerhafte Lösung für den Konflikt zu finden, die beiden Parteien gerecht wird. Stattdessen ist die Gefahr groß, dass der Konflikt sich weiter hochschraubt und die Kontrahenten sich gegenseitig verletzen. Eltern können unterschiedliche Strategien entwickeln, um wieder einen »kühlen Kopf« zu bekommen: Sie gehen spazieren, reagieren sich mit Fitnessübungen oder einem Kissen ab, hacken Holz, rufen ihren Partner an … Allerdings sollten Eltern ihren Kindern klarmachen, dass der Rückzug keine Flucht bedeutet: »Wir sprechen später darüber, wenn ich mich beruhigt habe. Sonst sage ich jetzt etwas, was mir nachher Leid tut.«

Überlegen Sie mal: Wohin mit der Wut?

Wie versuchen Sie sich zu »entstressen«, wenn Sie sich über Ihren Mann oder Ihre Frau, Ihren Chef oder andere heftig geärgert haben?

....

Und was tun Sie, wenn Sie sich eher niedergeschlagen fühlen, um wieder aus Ihrem »Loch« herauszukommen?

....

Haben Sie diese Strategien auch schon bei Konflikten mit Ihrem Kind ausprobiert? Oder spricht etwas dagegen?

....

Welche Möglichkeiten könnten Sie einmal ausprobieren?

....

Auf den ersten Blick gleichen solchen Reaktionen dem bekannten »Geh sofort auf dein Zimmer und komm erst wieder raus, wenn du dich beruhigt hast!« Tatsächlich besteht jedoch ein erheblicher Unterschied: Wenn die Eltern sich zurückziehen und notfalls im Bad einschließen, behalten Sie das Heft des Handelns in der Hand. Mit dem Befehl »Geh auf dein Zimmer!« brechen dagegen meist neue Machtkämpfe aus, sprich: Der Konflikt eskaliert weiter. Ganz anders sieht es aus, wenn Eltern den Befehl in einen freundlichen Vorschlag umformulieren: »Was hältst du davon, wenn du jetzt erst mal auf dein Zimmer gehst und ein bisschen Musik hörst? Wir reden weiter, wenn du dich beruhigt hast.« Genauso wie Müttern und Vätern kann auch Kindern eine Abkühlungsphase gut tun, wenn sie erregt sind. Es macht also Sinn, wenn Sie auch Ihrem Kind solche Möglichkeiten aufzeigen. Und der Zweck ist eindeutig: nicht Bestrafung, sondern Entspannung – damit beide Seiten danach wieder in Ruhe miteinander reden können.

6

Ich rede mit meinem Kind

Warum Regeln für Kinder so wichtig sind, wie Eltern sie am besten formulieren, wie ein Familienrat funktioniert und wie immer wiederkehrende Konflikte sich mithilfe einer Zehn-Punkte-Strategie lösen lassen.

Zusammenarbeit muss erworben werden,
sie kann nicht gefordert werden.
Rudolf Dreikurs

Überall, wo Menschen zusammenleben, gelten Regeln. Manche davon sind in dicken Gesetzbüchern ausdrücklich festgeschrieben. Wer gegen sie verstößt, muss mit Strafen rechnen. Regeln einzuhalten ist manchmal unbequem und scheinbar sinnlos. Warum zum Beispiel soll ich nachts auf menschen- und autoleeren Straßen minutenlang warten, wenn die Ampel »rot« zeigt? Weil diese Ampel tagsüber ein lebensgefährliches Chaos verhindert! Andere Regeln ersparen es uns, »richtiges« Verhalten, wie etwa die »Vorfahrt«, jedes Mal neu auszuhandeln.

Deshalb brauchen auch Kinder Regeln. Nicht etwa, damit die Erwachsenen sie »im Zaum halten« können, sondern als »Geländer durchs Leben«. Regeln geben Kindern Sicherheit und Orientierung. Kinder können sich besser entfalten, wenn sie wissen, was in bestimmten Situationen von ihnen erwartet wird, und was sie von anderen erwarten können. Sie müssen ihre seelische Energie nicht darauf verwenden, sich ständig neu zu orientieren. Unklare oder fehlende Regeln dagegen erzeugen Unsicherheit, auf die Kinder oft mit auffälligem Verhalten reagieren. Aber auch Eltern brauchen Regeln, die ihnen helfen, die Grenzen ihrer Kinder zu achten und ihnen eine würdige Entwicklung zu ermöglichen.

Regeln im Familienleben

Manche der Regeln, nach denen das Leben von Familien abläuft, haben Eltern und Kinder zuvor ausdrücklich vereinbart: »Wer beim Essen oder Trinken etwas verkleckert hat, macht es anschließend wieder sauber.« Andere Regeln »spielen« sich unausgesprochen ein, etwa »Um halb sieben Uhr gibt es bei uns Abendessen«. Mit manchen Regeln kommen Eltern und Kinder gut, mit anderen weniger gut zurecht.

Überlegen Sie mal: Welche Regeln gelten bei Ihnen?

Welche Regeln haben sich in Ihrer Familie stillschweigend »eingespielt«?

. . . .

Welche haben Sie ausdrücklich vereinbart?

. . . .

Wer hat diese Regeln »beschlossen«? Die Eltern? Oder Eltern und Kinder gemeinsam?

. . . .

Welche Regeln in Ihrer Familie funktionieren gut?

. . . .

Welche Regeln funktionieren nicht so gut?

. . . .

Die Erfahrungen vieler Familien zeigen: Wie gut Regeln im Alltag funktionieren, hängt wiederum von einigen »Regeln für die Regeln« ab. Sie funktionieren umso besser, wenn sie die folgenden Voraussetzungen erfüllen:

- **Es gibt nur wenige Regeln**, die für eine bestimmte Zeit ausdrücklich formuliert werden.

- **Regeln sind eindeutig.**
  »Du musst rechtzeitig zu Hause sein!«, ist nicht eindeutig. Ihr Kind kann nicht wissen, was Sie mit »rechtzeitig« meinen – das kann je nach Perspektive unterschiedlich sein. Besser sagen Sie: »Wir essen um 18 Uhr gemeinsam zu Abend. Wir erwarten, dass du dann zu Hause bist.«

- **Regeln sind positiv formuliert.**
  »Geh nicht allein durch den Park!«, sagt Ihrem Kind zwar, was es nicht tun soll. Es weiß aber noch nicht, was Sie von ihm erwar-

ten, wie es also zu seinem Freund am anderen Ende des Parks kommen soll. Besser ist: »Geh nur mit Leuten durch den Park, die du gut kennst.«

- **Regeln sind fair.**
  »Der Teller wird leer gegessen!«, ist unfair, wenn Sie Ihrem Kind den Teller voll laden, es also nicht selbst bestimmen lassen, wie viel es essen möchte.

- **Die Folgen bei Regelverletzungen sind vorher miteinander abgesprochen und bekannt (logische und natürliche Folgen).**
  »Während des Essens bleiben wir am Tisch sitzen«, lautet die Regel. Entscheidet sich jemand dafür, trotzdem aufzustehen, weiß er, dass für ihn damit das Essen beendet ist und er sein Geschirr abräumen muss.

- **Die Regel und ihre Folgen bei Regelverletzungen gelten für alle Beteiligten.**
  »Die Straßenschuhe kommen in das Schuhregal an der Tür. Wer mit den Straßenschuhen Schmutz ins Haus schleppt, wischt ihn selbst wieder auf.« Diese Regel verpflichtet nicht nur die Kinder, sondern auch die Eltern zum Saubermachen – selbst wenn ein paar Stunden später ohnehin geputzt wird.

- **Regeln sind zeitlich begrenzt.**
  Die Regel »Kinder sind um 19.30 Uhr im Bett, und das Licht wird ausgemacht«, wird am nächsten Geburtstag gemeinsam überdacht.

- **Die Kinder sind an der Formulierung der Regeln beteiligt.**
  Übrigens hilft es manchmal und macht Kindern sogar Spaß, hier und da in der Wohnung mit – möglichst selbst gemalten – Hinweisschildern an vereinbarte Regeln zu erinnern. Auf vielen Familienklos kleben zum Beispiel Piktogramme, die »Stehpinkler« zum Hinsetzen auffordern.

Überlegen Sie mal: Sind Ihre Regeln Regel-gerecht?

Sehen Sie sich jetzt noch einmal die von Ihnen notierten Regeln Ihrer Familie von Seite 102 an! Haben Sie bei der Formulierung der Regeln die »Regeln für Regeln« angewendet?

. . . .

Welche bestehende Regel würden Sie gerne neu formulieren? Wie soll sie lauten?

. . . .

Für welche Regel möchten Sie mit den anderen Familienmitgliedern gemeinsam logische oder natürliche Folgen festlegen? Welche Ideen hat jeder von Ihnen?

Regel:	mögliche Folgen:
. . . .	. . . .

Regeln setzen und anwenden

Vor allem Eltern mit kleinen Kindern müssen immer wieder auch ohne ausdrückliche Vereinbarung mit ihrem Nachwuchs aus der eigenen Verantwortung heraus Regeln setzen und Grenzen ziehen. In jeder Familie gibt es typische, immer wiederkehrende Situationen, in denen es zu Konflikten und Auseinandersetzungen kommt: sei es beim Anziehen der Kinder, beim Aufräumen, beim Telefonieren oder abends beim Zubettgehen, bei langen Autofahrten, beim Einkaufen oder bei Feiern und Gottesdiensten. Die Notwendigkeiten, denen die Eltern dabei folgen, sehen Kinder nicht immer ein. Im besten Fall kooperieren sie trotzdem – im Vertrauen auf die Eltern. Aber eben nicht immer; deshalb müssen Eltern notfalls auch gegen den Willen ihrer Kinder Grenzen setzen, um ein vernünftiges Miteinander zu ermöglichen. Das dürfen sie ohne schlechtes Gewissen tun. Denn Kinder brauchen zur eigenen Entwicklung feste Standpunkte der Eltern, Entschiedenheit und Klarheit im Umgang miteinander. Nur so können sie sich orientieren, Sicherheit spüren und – später – mit den gesetzten Regeln und Grenzen konstruktiv auseinandersetzen. Vertreten Sie daher entschieden die Dinge, die Ihnen wichtig sind und die Sie Ihren Kindern gegenüber verantworten können.

- Teilen Sie Ihrem Kind Ihre Gefühle und Gedanken mit, schildern Sie die Gefahren einer Situation oder die Bedürfnisse von anderen, die es mit seinem Verhalten verletzen könnte.
  (Auch wenn Kinder vielleicht noch zu klein sind, um Ihre Begründungen nachzuvollziehen: Zum einen erkennen sie an Ihren Erklärungen, dass Mama oder Papa nicht willkürlich »per ordre de mufti« diktiert, zum anderen »üben« Sie so für spätere Jahre; außerdem hilft Ihnen die Begründung, Ihre Entscheidungen noch einmal zu durchdenken.)
- Sagen Sie Ihrem Kind, welches Verhalten Sie von ihm erwarten. Formulieren Sie die Regel, die daraus folgt – unter Berücksichtigung der »Regeln für Regeln«.
  Beispiel: »Von 12.00 Uhr bis um 14.30 Uhr kann im Hof nur leise gespielt werden. Daher möchte ich nicht, dass ihr mittags im Hof Fußball spielt. Ihr stört damit Frau Gerstner, die dann von der Schicht kommt und ihren Schlaf braucht.«
- Sprechen Sie ab, welche Folgen es hat, wenn Ihr Kind die Regel nicht einhält – unter Berücksichtigung der »vier V's« (Seite 92).
  (Im Beispiel: »Wer zwischen 12.00 Uhr und 14.30 Uhr im Hof laut ist, spielt an diesem und dem darauf folgenden Tag mittags nicht mehr im Hof, sondern stattdessen anderswo, wo es laut zugehen kann.«)
- Achten Sie im Folgenden auf die Umsetzung der Regel.
  Wird sie nicht beachtet, lassen Sie die angekündigten natürlichen Folgen eintreten bzw. setzen Sie die logischen Folgen konsequent ein. Bleiben Sie dabei möglichst freundlich, aber fest.

Wenn Ihr Kind sich an die Regel hält: Ermutigen Sie es, so weiter zu machen, indem Sie es auf die positiven Folgen hinweisen und seine Mitarbeit anerkennen. (»Frau Gerstner hat mir eben gesagt, wie froh sie ist, dass es mittags so leise ist.«)

Am Prinzip ändert das aber nichts: Je mehr es Ihnen gelingt, Ihre Kinder an den Überlegungen zu Familienregeln zu beteiligen, desto eher werden sie die Regeln einhalten und die Folgen akzeptieren. Werben Sie beispielsweise um das Verständnis des Kindes. Suchen Sie mit Ihrem Kind gemeinsam nach Möglichkeiten, die es ihm erleichtern, sich an die Regel zu halten (Im Beispiel: Ruhige Spiele im Hof.) Lassen Sie es mit überlegen, welche logischen Folgen das Nichteinhalten der Regel haben kann. Das Kind lernt so, die Wünsche und Bedürfnisse anderer wahrzunehmen und mit den eigenen abzustimmen. Versuchen Sie, sich auf solche Gespräche über Regeln mit Ihrem Kind gut vorzubereiten. Dann können Sie klarer auftreten und ihm eher helfen, mit Ihnen zusammen Handlungsalternativen zu entwickeln.

Überlegen Sie mal: Welche Regel möchten Sie setzen?

Gibt es eine typische Situation, in der Sie immer wieder mit Ihrem Kind in einen Konflikt geraten?

. . . .

Was genau stört Sie an seinem Verhalten?

. . . .

Warum, glauben Sie, verhält es sich so? Welche Bedürfnisse und Gefühle hat Ihr Kind in dieser Situation?

. . . .

Haben Sie selbst als Kind ähnliche Situationen erlebt?

. . . .

Wie ergeht es Ihnen als Elternteil in der Konfliktsituation? Was empfinden Sie dabei?

. . . .

Welche Bedürfnisse haben Sie selbst in dem Konflikt mit Ihrem Kind? Was brauchen Sie?

. . . .

Wo liegen für Sie die Grenzen? Was können Sie nicht akzeptieren?

. . . .

Welche Regel würden Sie gerne einführen, um Wiederholungen dieses Konflikts vorzubeugen?

. . . .

Was könnte Ihrem Kind helfen, diese Regel einzuhalten? Welche Handlungsalternativen können Sie ihm eröffnen?

. . . .

Welche natürlichen oder logischen Folgen könnten eintreten, wenn Ihr Kind sich nicht an die Regel hält?

. . . .

Exkurs: Wie ich rede – auch mit mir

»Worte können Fenster sein – oder Mauern.« Mit diesem Satz unterstreicht der international bekannte Konfliktmediator Marshall B. Rosenberg die dringende Notwendigkeit, unsere Art zu sprechen unter die Lupe zu nehmen. Auch wenn die meisten Menschen davon ausgehen, dass sie nicht »gewalttätig« sprechen, führen Worte doch oft zu Verletzungen und Leid. Besonders unter Stress enthalten viele Sätze Vorwürfe, Anschuldigungen, kränkende Belehrungen, klein machende Vergleiche und andere, oft nur »zwischen den Zeilen« zu hörende Zutaten, die dem Gegenüber weh tun können.

Wir können das verhindern. Der wichtigste Schlüssel für eine Sprache, die den anderen nicht verletzt, ist die so genannte »Ich-Botschaft«. Das heißt: Wir reden nicht über den Gesprächspartner (»Du-Botschaft«), sondern von uns selbst, unseren Gefühlen, Bedürfnissen und Wünschen. Dahinter stehen zwei wichtige Erkenntnisse:

1. Das Verhalten anderer Menschen ist nicht die Ursache für unsere Gefühle, sondern kann höchstens der Auslöser sein. Wir sind niemals wütend, weil jemand anderes etwas Bestimmtes gesagt oder getan hat. Zwar legt unsere Alltagssprache diese schuldzuweisende Taktik oft nahe: »Du enttäuschst mich, wenn du schlechte Noten hast.« Oder: »Ich bin traurig, weil du das getan hast.« Tatsächlich haben aber nicht andere, sondern wir selbst die Verantwortung für unsere Gefühle. So hängt die Enttäuschung über schlechte Noten unserer Kinder stark von unseren eigenen Erwartungen ab. Zudem sehen wir, wenn wir »gut drauf« sind, die Vier in Englisch gelassener und nehmen auch die Enttäuschung unseres Kindes über seinen Misserfolg wahr. Wir versuchen, unser Kind zu trösten und für die weitere Arbeit zu ermutigen. Stehen wir dagegen selbst unter

Stress, neigen wir eher dazu, die Schuld für die unangenehmen Gefühle beim anderen zu suchen (»Eine Vier! Auch das noch!«) und ihn womöglich noch dafür zu bestrafen.

2. »Hinter jedem Ärger findet sich ein Bedürfnis, das nicht erfüllt ist«, erklärt Rosenberg. »Leider haben die meisten von uns nie gelernt, in Begriffen von Bedürfnissen zu denken. Wenn sich unsere Bedürfnisse nicht erfüllen, dann denken wir automatisch darüber nach, was andere Menschen falsch gemacht haben. Deshalb kritisieren wir vielleicht unsere Kinder als faul, wenn sie die Mäntel auf der Couch liegen lassen – nur weil wir gerne möchten, dass die Mäntel im Schrank hängen. ... Immer wieder habe ich die Erfahrung gemacht, dass in dem Moment, wo Leute anfangen, über das zu sprechen, was sie brauchen, statt darüber, was mit dem anderen nicht stimmt, die Wahrscheinlichkeit, einen Weg zur Erfüllung aller Bedürfnisse zu finden, dramatisch ansteigt.« [1]

Heimliche Wünsche werden nun mal unheimlich selten erfüllt. Rosenberg schlägt deshalb vor, immer wieder bewusst den Satz »Ich bin wütend, weil du ...« zu ersetzen durch »Ich bin wütend, weil ich ... brauche«. Gerade in unangenehmen Konfliktsituationen erfordert das Erkennen der eigenen Bedürfnisse allerdings viel Üben. Das Reden in »Ich-Botschaften« ist dabei eine entscheidende Hilfe. Wenn wir von uns sprechen, können auch andere eher unsere Gefühle und Bedürfnisse wahrnehmen – und dadurch ist die Chance umso größer, dass sie ihr Verhalten darauf einstellen.

Die neue Gesprächsstrategie lernen

Eine Gesprächsstrategie, die Eskalationen und Verhärtungen vorbeugt und Lösungen erleichtert, umfasst insgesamt vier Schritte:

[1] aus Marshall B. Rosenberg: Gewaltfreie Kommunikation. Junfermann, Paderborn 2003

1. **»Wenn ich sehe ...«**
   Die konkrete Situation oder das konkrete Verhalten des anderen wahrnehmen.

2. **»... dann löst das bei mir ... aus.«**
   Die eigenen Gefühle und Gedanken benennen.

3. **»Ich brauche ...«**
   Die eigenen Bedürfnisse benennen.

4. **»Deshalb wünsche ich mir ...«**
   Die eigenen Wünsche formulieren.

Gewissermaßen spiegelbildlich ergibt sich daraus eine Strategie für ein hilfreiches Zuhören:

1. **»Sag mir, was passiert ist oder was dich bedrückt.«**
   Sich ganz dem Gesprächspartner zuwenden, Blickkontakt halten.

2. **»Du hast also, du fühlst dich also ...«**
   Die Gefühle oder Wertungen des Gesprächspartners erfragen.

3. **»... und du möchtest oder brauchst ...«**
   Die Bedürfnisse des Gesprächspartners erkunden.

4. **»Könnten wir vielleicht ...«**
   Lösungsmöglichkeiten erwägen.

Extrem wichtig ist vor einem solchen Gespräch unser innerer Dialog. Dort entwickeln sich die gleichen Mechanismen von Schuld und Verantwortung, von Gefühlen und Bedürfnissen.

Nach einem anstrengenden Tag kommt Herr Ording nach Hause. Er öffnet die Haustür und ist entsetzt: Kinderschuhe und Jacken sind auf dem Boden verstreut, ein Schulranzen liegt dort, ein herausgefallenes Buch daneben … Und schon beginnt sein innerer Dialog: »Das sieht hier ja wieder aus wie im Schweinestall. Einfach unmöglich, die Jungs! Kein Benehmen!« Und schon ruft Herr Ording ins Haus: »Peter, Jan! Kommt mal ganz flott runter!«

Wie es weitergeht, kann sich jeder vorstellen: mit einer mächtigen Standpauke. Im inneren Dialog wird der konkrete Dialog mit dem Gesprächspartner vorbereitet. Es setzen sich Urteile, Bewertungen über sich selbst, den anderen und die Beziehung zu ihm fest. Ein Konstrukt der Wirklichkeit wird festgezimmert, ohne dass wir es selbst merken. Eine Erkundung unseres inneren Dialogs kann viel über unser »äußeres« Kommunikationsverhalten aussagen.

Es lohnt sich deshalb, schon beim inneren Dialog die von Rosenberg empfohlene Übung zu machen und beim ersten Gefühl von Ärger ganz bewusst die auftauchenden Vorwürfe zu ersetzen durch: »Ich bin wütend, weil ich … brauche. Deshalb habe ich die Bitte, dass …« Führen Sie also auch den inneren Dialog anders, nämlich mit »Ich-Botschaften«, die weder »gut« noch »schlecht« kennen, sondern nur »neutral« wahrnehmen.

Ein paar Tage später findet Herr Ording bei seiner Heimkehr ein ähnliches Chaos vor. »Nein, schon wieder … Das darf doch nicht wahr sein.« Die Gedanken scheinen ihren Lauf zu nehmen. Dann aber hält er kurz inne und sagt sich weiter: »Wenn ich die Unordnung auf dem Boden sehe, macht mich das stinksauer! Also werde ich die Jungs bitten, dass sie die Sachen wegräumen.« »Jan, Peter!« ruft er ins Haus.

Vermutlich fallen Ton und Wortwahl des nun folgenden Dialogs zwischen Vater und Kindern jetzt anders aus.

Üben Sie mit sich selbst!

Theoretisch klingen diese Gesprächs- und Zuhörregeln ganz einfach. Praktisch brauchen Sie jedoch viel Zeit, Geduld und Wohlwollen mit sich selbst, um Ihr seit langem eingeschliffenes Gesprächsverhalten zu ändern. Umso mehr lohnt es sich, wenn Sie die neue Art zu reden gewissermaßen im »Trockenkurs« üben, unbelastet von akuten Auseinandersetzungen mit anderen. Gesprächstrainings (Adresse im Anhang, Seite 126) oder der innere Dialog bieten Ihnen dazu gute Gelegenheiten. Dabei dürfen am Anfang Ihres inneren Dialogs die zornigen Du-Botschaften stehen, da sie erst einmal Ihre unerfüllten, eigenen Bedürfnisse deutlich machen: Hinter jedem Vorwurf, den Sie erheben, steckt ein Wunsch. Danach aber sollen Sie die Du-Botschaft in eine hilfreiche Ich-Botschaft umformulieren.

Wenn Sie »um des lieben Friedens willen« stets schweigen, Harmonie um jeden Preis anstreben oder sich in Konfliktsituationen eher selbst die Schuld an der Streitsituation geben, können Sie sich erst einmal im Schimpfen üben. Für Sie kann die zornige Du-Botschaft im inneren Dialog mit dem darin steckenden Ärger eine hilfreiche Brücke zum Wahrnehmen und Mitteilen Ihrer eigenen Bedürfnisse sein. Denn Ihre Kinder brauchen zwar keine Schimpftiraden, aber sie müssen wissen, was ihr Verhalten bei anderen, vor allem bei ihren Eltern, auslöst. Und Ihre Kinder brauchen Grenzen.

Die Zehn-Punkte-Strategie zur Konfliktlösung

An jedem Samstag fahren die Krombachs mit dem Auto zu den Großeltern. Die Zwillinge Sandra und David mögen die Großeltern sehr. Doch auf der langen Hin- und Rückfahrt – jeweils anderthalb Stunden – gibt es jedes Mal Streit und Lärm auf der Rücksitzbank. Die Eltern haben schon versucht, die Situation mit den Kindern zu besprechen und mit ihnen logische Folgen zu vereinbaren: »Wir halten jedes Mal an, wenn es zu laut wird, weil wir uns dann nicht mehr auf das Fahren konzentrieren können.« Doch das half nur vorübergehend. Bald ging das »Theater« wieder von vorne los. Und statt anderthalb dauerte die Fahrt dann manchmal zwei Stunden oder länger – zum Ärger von allen.

Das eigentliche Problem hinter den Kabbeleien der Zwillinge ist durch die logische Folge, die die Eltern einsetzten, also nicht gelöst. Der Konflikt tritt auf den Fahrten immer wieder auf. Unter dem Druck der aktuellen Konfliktsituation ist eine weiterführende Lösung nicht möglich. Umso wichtiger ist es, das Thema später – wenn alle sich beruhigt haben – wieder aufzugreifen und eine vernünftige Lösung zu suchen, bevor der gleiche Konflikt erneut auszubrechen droht (im Fall der Krombachs: vor der nächsten Fahrt zu den Großeltern).

Die Krombachs entscheiden sich, gemeinsam nach einer Lösung zu suchen. Sie verwenden dazu eine ähnliche Strategie wie bei der Einführung von Regeln – zehn Schritte, die sich in drei Phasen einteilen lassen.

Phase I: Positionen klären – Gefühle anerkennen

1. Ein Gespräch vereinbaren

Sagen Sie Ihrem Kind, worüber Sie mit ihm sprechen möchten. Bitten Sie um sein Einverständnis und vereinbaren Sie eine Zeit: *»Ich möchte gerne mit dir über unsere Fahrten zu den Großeltern sprechen. Wann passt es dir?«*

Auch wenn, wie hier, mehrere Geschwister an einem Konflikt beteiligt sind, lohnt es sich oft, zunächst mit jedem unter vier Augen zu sprechen. Dabei lassen sich die einzelnen Sichtweisen genauer darstellen und wahrnehmen. Dies schließt nicht aus, dass sich abschließend alle Beteiligten zusammensetzen und die jeweils vorgeschlagenen Lösungen und Konsequenzen gemeinsam erörtern. Oder dass das Thema im Familienrat (Seite 118 ff) zur Sprache kommt.

2. Nach den Gefühlen des Kindes fragen

Fragen Sie nach dem Erleben Ihres Kindes oder bringen Sie zum Ausdruck, welche Gefühle und Motive Sie hinter dem Verhalten Ihres Kindes in der Konfliktsituation vermuten: *»Ich glaube, es ist für* *dich ganz schön langweilig, wenn du während der Fahrt so lange still sitzen musst. Liege ich da richtig?«*

3. Verständnis für die Gefühle des Kindes zeigen

Wenn Sie Verständnis für die Gefühle Ihres Kindes zeigen, heißt das nicht, dass Sie sein Verhalten gut heißen sollen. Hier geht es ausschließlich um die Gefühle; das Verhalten steht – noch – nicht zur Diskussion.

Wenn Sie seine Gefühle akzeptieren und respektieren, fühlt sich Ihr Kind verstanden und angenommen. Das ist eine wichtige Grundlage für das weitere Gespräch. Oft hilft es, wenn Eltern sich an ähnliche Situationen und Gefühle erinnern: *»Mir war früher auch langweilig, wenn ich bei Familienfeiern lange still sitzen musste. Ich kann das gut verstehen.«*

4. Die eigene Position erklären

Sagen Sie Ihrem Kind, warum Sie sein Verhalten nicht akzeptieren können. Teilen Sie ihm Ihre Gefühle mit, schildern Sie ihm die möglichen Gefahren einer Situation und die Bedürfnisse anderer Beteiligter:

»Leider können wir nichts daran ändern, dass Oma und Opa so weit entfernt wohnen. Und wenn ich dann so häufig anhalten muss, dauert die Fahrt noch länger, und mir ist die gute Stimmung verdorben. Trotz eurer Rangeleien, einfach durchfahren kann ich nicht. Ich brauche Ruhe im Auto, weil ich mich konzentrieren muss.«

Verzichten Sie auf Anschuldigungen, Beschämungen oder Predigten! Ihr Kind würde sich danach nicht mehr als gleichwertiger Partner akzeptiert fühlen und wäre weniger zur Kooperation bereit. Versuchen Sie also möglichst bei sich selbst zu bleiben. Schildern Sie die konkrete Situation (*»Wenn ich sehe/höre …«*), benennen Sie Ihre Gedanken und Gefühle (*»dann habe ich Sorge …«*), Ihre Bedürfnisse und Ihre Wünsche (*»Ich brauche … und wünsche mir deshalb …«*).

Phase II: Lösungen suchen

5. Das Kind zur Mitarbeit einladen

Bitten Sie Ihr Kind, gemeinsam mit Ihnen eine Lösung für den Konflikt zu erarbeiten: »Möchtest du mit mir überlegen, wie wir die nächste Fahrt zu den Großeltern für uns alle angenehmer machen können?«

Versuchen Sie dabei aber nicht, Ihr Kind in eine bestimmte Richtung zu manipulieren. Nehmen Sie seine Vorschläge und Ideen genauso ernst wie Ihre eigenen. Falls es keine Ideen äußert, schlagen Sie ihm etwas vor und fragen Sie es, was es davon hält.

6. Lösungsvorschläge sammeln

Sammeln Sie die Vorschläge und Ideen zur Konfliktlösung auf einem Blatt Papier. Gestalten Sie diesen Prozess so locker wie möglich und lassen Sie ruhig auch abwegige Gedanken zu. Lachen ist nicht verboten, im Gegenteil! Nur auslachen ist tabu! Machen Sie Ihr Kind noch einmal auf seine Gefühle aufmerksam: »Was könntest du tun, damit dir nicht so langweilig ist, wenn du hinten im Auto sitzt?« Erzählen Sie ihm auch, was Sie selbst gern während einer Autofahrt tun, wenn Sie nicht am Steuer sitzen.

7. Nicht akzeptable Lösungen streichen

Lassen Sie Ihr Kind überlegen, welche Vorschläge ihm nicht gefallen, und streichen Sie diese durch. Dann sagen Sie Ihrerseits, welche Lösungen Sie nicht akzeptieren können, und streichen auch diese.

8. Die beste Lösung aussuchen

Suchen Sie aus den übrig gebliebenen Vorschlägen die Lösung aus, die Ihnen beiden am besten gefällt, oder suchen Sie einen Kompromiss. Stimmen Sie nicht »um des lieben Friedens willen« einer Lösung zu, mit der Sie nicht ganz einverstanden sind oder gegen die Sie Widerwillen spüren. Jeder hat das Recht, ein Veto einzulegen, denn alle sollen gewinnen und keiner verlieren.

Halten Sie Konsequenzen, die die Lösung erfordert, schriftlich fest: Wer trägt wodurch, wie und wann zur Lösung bei? (»Ich besorge dir bis zur nächsten Fahrt einen Discman. Du suchst die CDs für die Fahrt aus.«)

Phase III: die Lösung umsetzen und überprüfen

9. Erprobungszeit vereinbaren

Sprechen Sie ab, für welche Zeit die Lösung zunächst gelten soll: *»Wir versuchen das erst einmal für die nächste Fahrt zu den Großeltern.«* Vielleicht vereinbaren Sie außerdem ein geheimes Zeichen, mit dem Sie sich notfalls gegenseitig an Ihre Vereinbarung erinnern können. Vereinbaren Sie was Sie tun wollen, falls die Absprache aus irgendeinem Grund nicht greifen sollte. Notieren Sie die damit besprochene logische Folge.

10. Die Lösung überprüfen

Besprechen Sie nach dem nächsten »Test« mit Ihrem Kind, wie die Lösung funktioniert hat. Wenn es geklappt hat, wird diese Erfahrung Ihr Kind (und Sie selbst) ermutigen, weiter zu kooperieren. Wenn nicht, schauen Sie genau hin, woran es lag. Dann können Sie daraus lernen und gemeinsam nach einer besseren Lösung suchen.

Vielleicht erscheint Ihnen dieses Verfahren zunächst künstlich und aufwändig. Aber es lohnt sich, wenn Sie sich auf diese Art der Konfliktlösung einlassen. Denn Sie nehmen so eine demokratische Haltung ein, die Kinder und Erwachsene als gleichwertig anerkennt und respektiert. Außerdem erhöht sich die Chance, dass Sie Ihre Kinder zur Mitarbeit gewinnen, was mittel- und langfristig weniger Stress beim Erziehen verspricht.

Noch ein paar Anmerkungen dazu:

- Die Zehn-Punkte-Strategie bietet keine Garantie dafür, dass Sie immer eine Lösung finden. Am besten vertagen Sie sich dann auf

Überblick: Schritte zur Konfliktlösung

1. Die Positionen klären
Worum geht es den Beteiligten?

Kind A?	Kind B?
....	....
Mutter	Vater
....	....

2. Vorschläge zur Lösung des Konflikts sammeln

1.Vorschlag:

....

2.Vorschlag:

....

3. Vorschläge streichen, die nicht für alle akzeptabel sind

....

4. Übrig gebliebene Vorschläge sichten und entscheiden

....

Welche Lösung wird vereinbart? (Eine auswählen oder verschiedene miteinander verbinden)

....

5. Die Umsetzung planen

Welche Schritte sind zur Umsetzung der Lösung notwendig?
Wer übernimmt diese Aufgaben?

1.	zuständig: ....
2.	zuständig: ....
3.	zuständig: ....
4.	zuständig: ....

6. Die Lösung überprüfen

Termin: ....

einen späteren Zeitpunkt und vereinbaren mit Ihrem Kind ein weiteres Gespräch.

- Kinder, die nicht zur Mitarbeit bereit sind, müssen die natürlichen oder logischen Folgen tragen, die Sie für die entsprechende Situation formulieren, um den Konflikt wenigstens vorläufig zu regeln.
- Versuchen Sie Ihrem Kind mit der Zehn-Punkte-Strategie auch zu helfen, wenn es Probleme mit anderen hat. Entwickeln Sie gemeinsam mit ihm eine Lösung.
- Als »Leitfaden« für die konkrete Arbeit mit dieser Strategie sind die einzelnen Schritte in dem unten stehenden Protokollbogen übersichtlich zusammengefasst.

Die Zehn-Punkte-Strategie empfiehlt sich als »Werkzeug« für alle möglichen Konflikte, die in Familien mit (un)schöner Regelmäßigkeit wiederkehren und zu denen Sie gemeinsam eine Lösung erarbeiten möchten.

Auch in diesem Fall ist es günstig, wenn Sie sich auf das Gespräch mit Ihrem Kind vorbereiten, sich möglichst in seine Motive und Gefühle hineinversetzen und sich über Ihre eigenen Empfindungen und Positionen klar werden. Das heißt aber nicht, dass das Ergebnis für Sie vorher schon feststehen soll (und Sie sich nur überlegen müssten, wie Sie Ihr Kind am besten »über den Tisch ziehen«). Im Gegenteil: Je ergebnisoffener Sie in das Gespräch mit Ihrem Kind gehen, desto besser.

Der Familienrat tagt

Einen idealen Rahmen, sich mit seinen Kindern über das Miteinander in der Familie zu verständigen, bildet ein Familienrat: eine regelmäßige Zusammenkunft aller Familienmitglieder mit dem Ziel, für jeden einzelnen das größtmögliche Wohlbehagen im gemeinsamen Leben zu erreichen.

Dabei geht es nicht nur um die Regelung von Konflikten, sondern auch um Pläne fürs Wochenende oder die Ferien, die Arbeitsteilung im Haushalt, Anschaffungen – eben alles, was alle angeht oder (mit)betrifft. Bereits mit drei bis vier Jahren können Kinder dabei schon kräftig mitreden und Ideen entwickeln. Jüngere Geschwisterkinder können von Beginn an mit dabeisitzen oder nebenan für sich spielen. Sie erleben so von Anfang an die Atmosphäre des Familienrats mit und wachsen allmählich in die aktive Teilnahme hinein.

Im Prinzip stellt ein Familienrat also »nur« eine Erweiterung und Formalisierung der Gespräche dar, in denen Mütter und Väter sich bis dahin »allein zu zweit« über wichtige Entscheidungen für die Familie einigten. Jetzt können und sollen alle, also auch die Kinder, ihre Wünsche und Probleme einbringen. Kinder und Eltern lernen dabei, ihre Vorstellungen und ihren Ärger zu artikulieren, aufeinander zu hören, sich gegenseitig zu respektieren und zu ermutigen und miteinander zu kooperieren.

Kurz: Ein Familienrat eignet sich hervorragend, um den demokratischen Umgang in der Familie, Toleranz- und Konfliktlöseverhalten einzuüben.

Auf Seite der Eltern setzt der Familienrat die Bereitschaft voraus, die Kinder als gleichberechtigt anzuerkennen und sich hin und wieder von ihnen überstimmen zu lassen – also ein Stück »Macht« abzugeben. Auf der anderen Seite »gewinnen« sie dadurch die Bereitschaft der Kinder, das Funktionieren des »Betriebs« Familie als ihre eigene Sache anzusehen und selbst Verantwortung dafür zu übernehmen.

Als Einstieg für den ersten Familienrat eignet sich am besten ein Thema, das nicht durch einen Konflikt in der Familie belastet ist, zum Beispiel die Planung eines Festes, der Ferien oder eine Anschaffung. »Heiße« Themen, bei denen zwei oder mehr Familienmitglieder aneinander geraten könnten, greifen Familien in diesem Kreis besser erst auf, wenn sie schon einige Erfahrungen mit dem Familienrat gesammelt haben.

So könnte Ihr Familienrat konkret ablaufen

1. Bereiten Sie den Raum vor

Auf jeden Fall sollten Stifte und Papier bereit liegen, um die Ergebnisse festzuhalten. Je nach Thema (Anschaffungen, Ausflüge) helfen auch Info-Materialien weiter. Blumen oder eine Kerze auf dem Tisch, vielleicht auch eine Aromalampe, schaffen eine gute Gesprächsatmosphäre. Getränke sind erlaubt, Essen lenkt dagegen zu sehr vom Gespräch ab. Am Ende jeder Sitzung wird vereinbart, wer den Raum für den nächsten Familienrat vorbereitet.

2. Wählen Sie einen Gesprächsleiter und Protokollführer

Im ersten Familienrat übernimmt am besten die Mutter oder der Vater die Gesprächsführung. In einem der folgenden kann schon

das Kind eine der Rollen übernehmen, wobei Sie es dem Alter entsprechend unterstützen können. Am Ende werden die Beschlüsse und die Namen derjenigen, die bestimmte Aufgaben übernehmen sollen, in ein Protokollbuch eingetragen. Darin können alle bis zur nächsten Sitzung auch ihre Wünsche eintragen. Oder Sie stellen einen »Briefkasten« für Vorschläge auf.

3. Machen Sie Komplimente

Um eine positive Atmosphäre zu schaffen, sagt jeder etwas, worüber er sich bei jedem anderen in letzter Zeit gefreut hat.

4. Sammeln Sie Themen

Der Gesprächsleiter zählt die vorgeschlagenen Themen auf und fragt nach weiteren Vorschlägen.

5. Vereinbaren Sie die Tagesordnung

Nehmen Sie sich nicht zu viel vor! Je nach Alter der Kinder sollte der Familienrat 15 bis maximal 90 Minuten dauern.

6. Besprechen Sie die Themen

Achten Sie dabei auf die Einhaltung selbstverständlicher Gesprächsregeln. Keine Wortmeldung wird übergangen, jeder darf ausreden, auch die Jüngsten. Abwertende Äußerungen sind verboten. Versuchen Sie, Ergebnisse zu erreichen, denen alle zustimmen.

7. Halten Sie Ergebnisse fest

Die Beschlüsse werden aufgeschrieben: Wer was mit wem tun wird, wie lange die Beschlüsse gelten, welche Folgen es hat, wenn jemand sich nicht an die Abmachungen hält. Zum Schluss wird festgelegt, wann die nächste Sitzung stattfindet und wer sie vorbereiten soll.

8. Feiern Sie gemeinsam

Als Lohn nach getaner Arbeit bieten sich zum Beispiel ein Spiel, Grillen, Eis oder Kuchen essen an. Kann oder möchte ein Familienmitglied nicht an einer Sitzung teilnehmen, sollten die anderen das akzeptieren. Der Protokollführer sorgt dafür, dass er hinterher über die getroffenen Entscheidungen informiert wird.

Überlegen Sie mal: Erste Schritte zum Familienrat

Stehen Entscheidungen an, die Sie gemeinsam angehen möchten?

. . . .

Gibt es Abläufe, mit denen Sie unzufrieden sind und die Sie im Rahmen eines Familienrates angehen möchten?

. . . .

Was könnte Thema eines ersten Familienrates sein?

. . . .

Wie könnten Sie den Familienrat Ihrer Familie »schmackhaft« machen?

. . . .

Welcher Tag und welche Zeit könnte sich für Ihren Familienrat eignen?

. . . .

Das Wichtigste im Überblick

- Kinder brauchen Regeln als »Geländer durchs Leben«. Diese helfen Eltern und Kindern, kooperativ miteinander umzugehen.
- Regeln funktionieren besser, wenn die Kinder selbst an der Formulierung der Regeln und deren Folgen beteiligt sind.
- Immer wiederkehrende Konflikte lösen Familien am besten mit einer ergebnisoffenen Strategie, die Gefühle und Interessen von Eltern und Kindern als prinzipiell gleichberechtigt anerkennt.
- Ein Familienrat ist ideal, um Demokratie, Konfliktlöseverhalten und Verantwortungsbereitschaft in der Familie einzuüben.

Und wie geht's weiter?

Sie haben nun dieses Buch durchgelesen und vielleicht schon den einnen oder anderen Impuls umgesetzt.

Und was ist jetzt? Gestern kam Ihre 14-jährige Tochter statt wie vereinbart um 22 Uhr erst kurz vor Mitternacht nach Hause. Und Sie sind doch wieder ausgerastet, haben geschimpft und gedroht, ihr das Ferienlager mit der Mädchengruppe zu streichen. Obwohl Sie genau wissen, dass Sie das nie und nimmer tun werden.

Zum Verzweifeln? Nein, das ist es nicht! Zum einen wurzelt die »alte« Erziehung, die viele Eltern in ihrer Kindheit kennen gelernt, gewissermaßen mit der Muttermilch aufgesogen haben, tief. Da ist es kein Wunder, wenn sie in Stressmomenten wieder durchbricht. Und einen Rückschritt kann auch nur jemand machen, der bereits nach vorn gegangen ist. So ist auch das Stolpern über »alte Verhal-

tensweisen« schon der erste Schritt zur Veränderung. Und zum anderen braucht Erziehung länger als einen Tag. Erziehung ist ein jahrelanger Prozess des gemeinsamen Wachsens. Von Bedeutung ist dabei vor allem die erzieherische Grundhaltung.

»*Kess-erziehen*« gibt konkrete Anregungen für den förderlichen, achtsamen und respektvollen Umgang miteinander (siehe auch Grafik auf Seite 125). Vielleicht haben Sie schon einige Anstöße erhalten. Nehmen Sie sich für den Alltag aber nicht zu viel vor, werden Sie nicht ungeduldig. Wählen Sie aus, welcher Spur Sie folgen und welchen Impuls Sie gerade umsetzen wollen. Gehen Sie so Schritt für Schritt weiter.

Und bei allem: Vertrauen Sie darauf, Ihr Kind wird seinen eigenen Weg finden und das Leben meistern – erst recht, wenn Sie es »kess« begleiten.

Überlegen Sie mal: *Kess-erziehen* – Ihre (Zwischen-)Bilanz

Was hat sich aus Ihrer Sicht in Ihrer Familie zum Positiven verändert?

. . . .

Welchen Zeitraum hat diese Veränderung eingenommen?

. . . .

Was hat sich an Ihrem Verhalten als Mutter oder Vater durch »*Kess-erziehen*« positiv verändert?

. . . .

Wie reagieren Ihre Kinder darauf?

. . . .

Welche Veränderung gehen Sie im Moment an oder wollen Sie in nächster Zeit gerne verfolgen?

. . . .

Was kann Ihnen dabei helfen? Was könnten die nächsten Schritte sein?

. . . .

Kooperativ heißt

- Kindern Verantwortung übergeben
- Konflikte gemeinsam lösen
- einen Familienrat gründen
- Regeln gemeinsam formulieren

Ermutigend heißt

- Kinder wertschätzen, wie sie sind
- Edelsteinmomente suchen
- Selbstständigkeit fördern
- Probleme da lassen, wo sie sind

Kess

Sozial heißt

- die Grundbedürfnisse achten
- das Miteinander gemeinsam regeln
- sich gegenseitig als gleichwertig respektieren

Situationsorientiert heißt

- auf Signale angemessen reagieren
- Strategien zum »Abkühlen« einsetzen
- Kindern natürliche und logische Folgen zumuten

Um Ihre Erfolge beim »*Kess-erziehen*« zu festigen oder weitere Fortschritte zu machen, könnten Sie Folgendes tun:

Besuchen Sie einen »*Kess-erziehen*«-Kurs:
Wo solche Kurse angeboten werden, erfahren Sie bei der Arbeitsgemeinschaft für Katholische Familienbildung, AKF e.V., Mainzer Str. 47, 53179 Bonn, www.akf-bonn.de/kess-erziehen.

Die Inhalte der Kurse decken sich im Wesentlichen mit denen dieses Buchs. Der Austausch mit anderen Eltern und mit der Kursleiterin oder dem Kursleiter bietet aber die Chance, vieles noch einmal aus anderer Perspektive zu betrachten, besser zu verstehen und zusätzliche Anregungen und Ideen für die alltägliche Erziehungspraxis zu gewinnen.

Tun Sie sich mit Gleichgesinnten zusammen:
Sich gegenseitig Mut machen für den weiteren Weg, Ideen für bestimmte Erziehungssituationen sammeln und Anregungen zu konkreten Fragen bekommen – dies alles ermöglicht ein regelmäßiger Austausch mit Gleichgesinnten, etwa mit Eltern, die ebenfalls dieses Buch gelesen oder den Elternkurs besucht haben, oder mit Freunden, die den gleichen Erziehungsstil verfolgen.

Diese Angebote gibt es als Privatinitiative (über einen Aushang im Kindergarten oder der Kirchengemeinde), als Elternstammtisch (etwa im Anschluss an einen Elternkurs) oder als Kursangebot an einer Bildungseinrichtung.

Suchen Sie eine Beratungsstelle auf:
Manche Erziehungsprobleme können Eltern beim besten Willen nicht aus eigener Kraft, durch den Besuch eines Kurses oder durch Lektüre lösen. Dann ist es gut, sich Hilfe bei fachkundigen »Dritten« zu suchen, die das Leben der Familie aus einiger Distanz betrachten und dadurch manche versteckte Motive und neue Möglichkeiten entdecken können.

Adressen von Beratungsstellen in Ihrer Nähe erfahren Sie bei der DAJEB (= Deutsche Arbeitsgemeinschaft für Jugend- und Eheberatung), Neumarkter Str. 84c, 81673 München, Tel. (0 89) 4 36 10 91, oder im Internet unter www.dajeb.de.

Besuchen Sie ein Gesprächstraining:
In Gesprächstrainings können Paare lernen, aufrichtig und einfühlsam miteinander zu sprechen, etwa »Ein partnerschaftliches Lernprogramm« (EPL, für junge Paare) und »Ein Kick mehr Partnerschaft« (KEK, für Paare, die schon länger zusammen leben). Viele, die an einem solchen Training teilgenommen haben, berichten, dass sich die veränderte Kommunikation in der Partnerschaft auch ausgezeichnet auf die Beziehung zu den Kindern auswirkt – weil sie die erlernte Art, miteinander zu sprechen, »automatisch« auch im Umgang mit den Kindern praktizieren. Anbieter von EPL und KEK können interessierte Eltern erfahren bei der Arbeitsgemeinschaft für Katholische Familienbildung, AKF e.V., Mainzer Str. 47, 53179 Bonn, oder im Internet unter www.akf-bonn.de.

Lesen Sie noch mehr:
Ein verlässlicher, lebensnaher Begleiter für Eltern durch die ersten neun Lebensjahre ihrer Kinder sind die Elternbriefe *du + wir*. Alle heißen Themen, die Eltern in diesen Jahren beschäftigen, kommen darin zur Sprache: Partnerschaft und Erziehung, Schule und Glauben. Sie kommen zuverlässig, wann sie gebraucht werden: entweder per Post zweimal im Jahr, abgestimmt auf das Alter der Kinder, oder als Newsletter punktgenau viermal im Jahr. Und das kostenlos: Die Elternbriefe wollen dazu beitragen, dass das Leben in Ehe und Familie gelingt. Dazu hat die katholische Kirche diese Initiative gestartet. Bestellung unter Angabe von Name und Geburtsdatum an: Elternbriefe du + wir e.V., Mainzer Str. 47, 53179 Bonn, info@elternbriefe.de (bitte angeben, ob Post- oder E-mail-Versand gewünscht wird).

Empfehlenswert sind zudem auch folgende Titel:

- Rudolf Dreikurs, Vicki Soltz: Kinder fordern uns heraus. Wie erziehen wir sie zeitgemäß? Klett-Cotta, Stuttgart 2001
- Rudolf Dreikurs, Loren Grey: Kinder lernen aus den Folgen. Wie man sich schimpfen und strafen sparen kann. Herder, Freiburg 2000
- Jesper Juul: Das kompetente Kind. Auf dem Weg zu einer neuen Wertgrundlage für die ganze Familie. Rowohlt, Hamburg 2003
- Betty Lou Bettner, Ally Lew: Kindern eine Chance geben. Der Familienrat – Auseinandersetzung ohne Sieger oder Verlierer. München 1992
- Thomas Gordon: Die neue Familienkonferenz. Kinder erziehen ohne zu strafen. Heyne, München 1999
- Julitta und Theo Schoenaker, John Platt: Die Kunst, als Familie zu leben. Ein Erziehungsratgeber nach Rudolf Dreikurs. Freiburg 2000